中村明

文章表現のための

辞典活用法

東京堂出版

はじめに

「字引」というからには、もともと漢字を調べるための本だったのだろう。「辞書」や「辞典」と銘打って、「ことば」を引いて調べるための本になってからも、実際には、忘れた漢字を調べたり、あやふやな漢字を確認したりという使い方が多いかもしれない。今では「事典」と銘打って、知らない「事柄」を調べたり、ある「事柄」について詳しい情報を得たり、「字」や「語」でなく「事柄」に関する知識を広げ深める書物もいろいろ出ている。

日ごろなにげなく辞典を引いているが、言語表現、特に文章を書く際に、意図的に辞典類を活用できないかと考え、まずは、わが家にある辞書のたぐいを自分がどう役立てているかを振り返ってみた。文章の発想から、書く内容づくりとしてのアイディアや情報のひろがり、知識の確認、書き出してからの文や文章のねじれや文体の一貫性、あいまい表現、意味や語感による最適の一語の決定、文字選び、漢字の使い分け、歴史的仮名遣いの確認など、実にさまざまな局面で活用してきたように思う。口頭表現では、鼻濁音の衰退やアクセントの変化にともなって、時代の変化に迎合することへの抵抗から、いわば被害意識として何冊もの発音・アクセント辞典で確認してはずいぶんと苦い思いをしてきたような気がする。

出版社からこの本の企画の依頼を受けた際、これまで半世紀にわたりいくつもの辞典・事典の類を執筆・編纂してきた旧悪？　を振り返り、自分の本の宣伝に偏りそうな危険を察して即座に辞退したが、そういう経験がものをいうから、よけいなことを気にせずに、頭に浮かぶまま思うように書けばいい、というありがたいお墨付きをいただき、このような自由奔放な、とぼけた筆致の一本を世に出すこととなった。それでも気恥ずかしい思いは残る。

本書では、二六章にわたり、さまざまな分野から、スピーチや講演などの口頭表現、手紙や報告やレポートや論説や随筆その他の文章表現において、伝達内容をゆたかにし、表現力を高めるために役立つと思われる多様な辞典類を紹介してみたい。読者諸賢には、これ以外を含め、できるだけ数多くの辞典にふれ、それらを賢く活用することで表現の質が高まることを期待してやまない。この本がそのためのちょっとしたヒントとなれば、一度は渋った著者として、願ってもない幸いである。

情報源が多様化し紙の本が売れなくなって久しい。辞書も同様で、特に携帯用には、軽くて大量のデータを持ち運べる電子辞書と呼ばれる機械が便利らしい。だが、紙の本の味も捨てがたい。写本を広げて京都アクセントで朗読する源氏物語のありがたみは想像するほかはないが、谷崎潤一郎『細雪』は一九四九年一月末に印刷し、二月一日に発行された特製愛蔵本が手許（てもと）にある。全三巻が厚い布貼りの帙（ちつ）入りに仕立てられており、奥付もそこに貼りつけてある。もちろん正字体、歴史的仮名遣いで、あの平安神宮の紅枝垂（べにしだれ）、夕空にひろがる紅（くれない）の雲の一景など、ひとしお優雅な行文と感じられる。

このような気分の問題を別にしても、紙の辞書にはさまざまな利点が考えられる。ある項目を引いたときに目ざす一語の周囲が同時に視界に入り、思わぬ発見をすることがある。特に類語辞典などでは、「夕日」「入り日」「落日」「斜陽」、あるいは「微雨」「細雨」「煙雨」「霧雨」「こぬか雨」などの語群が「雨催(あまもよ)い」や「日照り雨」や「夕立」や「五月雨(さみだれ)」、あるいは「時雨(しぐれ)」や「淫雨」「秋霖(しゅうりん)」といった環境の中に、あたかも日本語の地図のように一望できる。そんな贅沢が味わえるのも紙媒体の辞書だからだろう。

このたびもまた、東京堂出版編集部の上田京子さんにさまざまなご注文、いや有益なご提案を頂戴した。その期待にどこまで応えられたか自信はないが、幸いにしてこの本が何百万とも知れぬ文章の書き手の何人かに、なにがしかの刺激を与えることになれば申し分のない心境である。同氏に深甚の謝意を申し述べるとともに、この国の文運隆盛に一石ならぬ一粒の砂を投じることを願おう。

二〇一七年　これで冬でないのが不思議なほどの冷える晩秋の宵に

東京小金井の自宅にて

中村　明

文章表現のための 辞典活用法●目次

1 知識ゆたかに

どれほど洞察力にすぐれ、いかに繊細な描写の腕に恵まれようと、それだけでは文章にならない。書くことがなければ書けないからである。素材を発見し、それに対する知識を身につけるために、百科事典類をめくりながら、気の向いたページを眺めていると、思いがけない発想が湧くこともある。

いつだったか、遠い昔、雑誌の企画で、帝国ホテルに吉行淳之介を訪ねたことがある。創作の現場で遭遇する日本語の問題を密室から解き放ち、文章・文体・表現に関する一流プロの感覚にふれる作家訪問シリーズ、その聞き手役を引き受けて、第一回としてインタビューしたのだ。多くの場合ご自宅を訪れるのだが、今考えると、あのときは執筆のためにカンヅメになっているところを、気の利かない缶切りで邪魔してしまったのかもしれない。わかっていれば少しは遠慮するところだが、最初は誰でも若僧だから、そんなところまで気のまわらない新米のインタビュアーには、恐縮する余裕さえなかったのだろう。

あの日、ホテルの珈琲をご馳走になりながら、文体を構築した礎石としては、まず学校時代の

1
知識ゆたかに

作文があるわけでしょうかと早速月並みな質問に入った。すると、「いや、作文は大嫌いだった。点も悪かったと思うね」という意外な返事が跳ね返ってきた。わけを訊く間もなく、「毎日学校へ行って、帰ってきてごろごろしてたら、書くことない」からだと当人の説明が続く。作文に限らず一般に文章というものは、たしかに、書く事柄という内容がないと、そもそも始まらないものなのだ。表現センスの光る青年だったはずのこの作家とて、例外ではありえなかったことを示している。

ましてや一般の人間、口から出まかせにおしゃべりを楽しむようなぐあいに、内容のとぼしいことばの羅列をもてあそんでも意味はないから、文章を書きだす前に、そこで取り上げる中心テーマを選び、それについて何を述べるかという素材をそろえ、どう展開させるかという排列や表現を考えておく必要がある。ここまではどんな文章にも共通する準備段階だが、書きたいことは人によって異なり、同じ人間でもその時どきで違う。だから、この段階でどんな辞典が役立つかは、むろん一概に言えない。ただ、何をテーマに、どんな題材をくり広げるにしても、まずはその分野に関する広く深い知識を蓄えておくことが大事である、という一点については共通している。

だが、そういう千差万別の内容を一個人がここに並べ立てるようなことはおよそ不可能だから、今はたまたま手許にある書物が役立つ例をいくつか紹介するにとどめる。本格的な準備ともなれば、それぞれの専門書を数多く読破しなければならないが、断片的な知識を確実に身につけるためには、ほとんどの分野で百科事典のたぐいが手っとり早く便利だ。

ためしに百科事典＋国語辞典を謳い文句にしている一冊ものの『新世紀百科辞典』（学習研究社）をぱらぱらめくってみよう。一九六八年刊のそれで「アイオワ」と引くと、「アメリカ合衆国中央北部の州」とあり、面積、人口、州都の名を記したあと、農業州で耕地面積も農業生産額も合衆国第一で、特にトウモロコシの栽培やウシ・ブタの飼育が盛んであることまで説明してある。「エリア随筆」と引くと、英語の原題のあと、「チャールズ・ラムの作。ユーモアとペーソスをまじえた洗練された文体で、少年時代の思い出、読書論・文芸評論などが語られている」と解説したあと、「イギリスエッセイ文学の最高峰」という評価が続く。複雑な家庭事情から本名を使うと差し障りがあるため、当人がすでに世を去ったことを知らずに昔の同僚の名を借りたという背景にはふれず、「エリアは著者の筆名」という註釈で結ぶ。トランペット奏者の「アームストロング」、ヒットラー政権の宣伝大臣として報道統制や巧妙な宣伝でファシズム政治を推進した「ゲッベルス」や、浮世絵の伝統を近代に生かして下町情緒を描いた「鏑木清方」の「築地明石町」の写真も載っており、「蝶」や「車」などはカラー写真になっている。これだけでも通常の国語辞典との大きな違いは明らかである。

もっとずっとスケールの大きな全二五巻の『日本大百科全書』（小学館）ともなると、いわゆる

1
知識ゆたかに

百科項目の数も多く、魯迅を匿った上海の内山書店の主である「内山完造」のほか、群馬県の下仁田から長野県の佐久との境にある「内山峠」や、愛媛県西部の「内山盆地」という項目も収録されている。ぱらぱらページをめくってみると、レーザー光線など、強度の等しい波が干渉し合う「コヒーレント」という物理的現象、江戸時代の最初の貿易統制令である「五品江戸廻送令」、オーストラリアの鉱山「ゴーブ」、二〇世紀の中国の文芸理論家「胡風」、ニューギニア島北部に分布するスズメ目の「小風鳥」、「昆布売」という狂言の曲名といった、国語辞典にはめったに出て来ない各分野の専門的な項目の多様な広がりが見られる。

逆に、どの国語辞典にも載っているのに百科事典で取り上げない項目もある。「女」などはその一例だ。国語辞典で「人間の性別のうち、卵子をつくる器官を有する方」という基本的な意味のほか、特に成人した一人前の女性、あるいは「情婦」といった派生的な意味が記述される「女」という単独の項目がこの百科全書には載っていない。誰でも知っていてそれ以上の詳細な説明を求めないからだろうか。

その代わり、歌舞伎や新派で専門に女役を演ずる男をさす女方をさす「女形」、出雲阿国の念仏踊りをまねた遊女の歌舞伎踊りをさす「女歌舞伎」、将軍家の大奥など男子禁制の場で演ずる「女役者」、昔の書生連中が娘義太夫として追いかけまわした「女義太夫」、それに「女剣劇」や「女相撲」、小正月など女が家事から解放される日としての「女正月」、あるいは「女の家」、さらには江戸時代の女子の教訓書をさす『女大学（おんなだいがく）』などのほか、『女の一生』と題するモーパッサンの小説、山本有三の小説、森本薫の戯曲、古代ギリシャの詩人アリストファネスの喜劇『女の平和』、円地文子の小説『女坂』、シューマン作曲の連作歌曲集『女の愛と生涯』、フランス映画『女だけの都』、そして、漢字は違うが泉鏡花の小説『婦系図（おんなけいず）』まで、「おんな」がらみの実に多彩な項目が並んでいる。

日常会話を脱線させて笑わせるシャベクリ漫才の元祖、横山エンタツ・花菱アチャコのやりとりの中に競馬の話題が出てくる。競馬に夢中だと言う相手に「君、馬がわかるのか」と尋（たず）ねると、「えっ？　君は馬がわからんのか」と驚く頓珍漢な反応に聴衆は噴き出す。質問のほうはどの馬がレースに勝てそうかを見抜く眼識を考えているのに対し、他方は馬という動物を牛や豚と見分けがつくかという面で応じる、そんな行き違いが笑いを誘うのだ。これが鼬（いたち）や麝香猫（じゃこうねこ）や白鼻心（はくびしん）とでもいうのなら、たしかにそう聞き返すこともありそうだが、馬という動物を知らないというのはあまりに非常識だから、聴衆の呆れ笑いが起こるのである。なるほど国語辞典では、わずか三行ほどで動物としての馬の説明は終わりになる。

むろん百科事典のたぐいでも日本ダービーや安田記念の有力馬の見分け方を指南するほど行き届いてはいないが、それでもはるかに詳しい解説を載せている。ちなみに、この「馬」という項目の場合、この百科全書では、「進化と起源」「形態」「生態」「品種と利用」「病気」「飼養管理」

1
知識ゆたかに

「ウマと人類」といった見出しのもとに、Ａ４判近い大きさの判型で七ページに及ぶ解説と、別にカラー写真五ページが付くという念の入りようだ。こんなふうに、一つの項目に割くスペースもはるかに大きくなり、それだけ詳細な解説が掲載されているため、まとまった知識を得るのに便利である。それはもちろん、「馬」や「鹿」だけではない。「オーロラ」もカラーの写真や図を盛り込んで三ページのスペースを割いているし、「織物」の項目などは、多数の写真や地図を掲げ、実に一二ページを超える。「オリンピック」に至っては、写真はもちろん各大会の主要種目の記録まで掲載して二九ページにも及び、その次にさらに「オリンピック憲章」の項目が続いている。

「国分寺」という項目も三ページにわたり、「鎮護国家を祈る地方寺院の源流」「国分寺の創建」「藤原広嗣(ひろつぐ)の乱により国分僧尼寺建立へ」「国分二寺の組織」「国分寺の造営」「国分寺の変遷」という見出しのもとに詳細な解説がほどこされるほか、それら百数十に及ぶ全国の国分寺の住所付き一覧表や、武蔵国分寺の地図と出土品の写真まで掲載されている。「昆虫」の項目も一二ページに及び、ほかに昆虫に関する「用語解説」までついている。

「沖縄」といった地名、「鬼ごっこ」などの子供の遊び、「貝類」その他の動植物、「第一次世界大戦」といった歴史上の出来事、「薪能(たきぎのう)」などの伝統芸能から、「麻酔」その他の医学・薬学に至る用語まで、広く深い詳細な解説がほどこされ、「相対性理論」や「弁証法」といった各分野の専門語についても詳しい。

分野を限定しての、いささか毛色の変わった百科事典として、北村一夫の単独編著『落語風俗事典』（社会思想社）全四冊がある。「町の生活」で四季の生活、時刻、金銭、町家（まちや）、「諸業・諸職」で髪結、湯屋、火消、船宿、宿場、「廓（くるわ）と花街」で吉原、岡場所、「俗語」として「いじましい」「おひきずり」「随徳寺」「ぞろっぺい」「伝法」、「芝居と音曲」でお染・久松、義経千本桜、「故事・巷説」で鼠小僧や八百屋お七、「寺社と信仰」で湯島天神や水天宮、回向院、王子稲荷などが取り上げられている。

いずれにせよ、文章を書き出す前に、そこで扱う分野の基礎知識を広く深く身につけておき、その中からテーマに適切なものだけを選ぶという余裕が、いい文章の土台となるのだろう。

2 情報を正確に

情報をしこたま仕入れ、それを最大限生かして文章に盛り込んでも、その情報が正確でなければ、その文章全体の信用を失う。ここでは、地名辞典と人名辞典を例に、その種の情報の正確な姿を追う方策を具体的に感じとって、自らの執筆に生かしたい。

いくら情報ゆたかに語っても、それぞれが正確でなければ、内容自体が信用できなくなるから、文章に盛り込む事柄がそれで正しいのかどうかを確認する必要がある。いろいろな人の書くさまざまな文章に出てくるすべての情報について正確を期するのはおろか、自分の書く文章だけでも、みな事実そのとおりだと断定する自信などとうてい持てない。しかし、それでも、できるだけ正確に書こうとする姿勢は大事だろう。さまざまな情報のうち、少なくとも地名と人名については、それぞれ専門の辞典が出ているので、その気があればかなりの部分は確認することができる。

1で例に挙げた「築地明石町」と題する絵に風情を感じ、その場所はどこに位置する、どんな地域かと興味をひかれて調べてみることにしよう。都道府県別、総索引等の別巻を除いて全四七巻に及ぶ大事業『角川日本地名大辞典』（角川書店）のうち第十三巻「東京都」という大部の書物を広げ、まず「築地」と引くと、これを「ついじ」と読む地名が、江戸時代から明治の初めにかけて多摩川中流の北部に位置する村の名として存在していたといった意外な情報にぶつかる。思わぬ物識りになるが、道草を食っている場合でないので、雑学の興味をふりはらって本題の「つきじ」に目を移すと、こちらは「明治五年から昭和四〇年までの町名」と、その名称の使用期間が特定されており、明暦の大火後に「築き立てた」ところから「築地」と呼ばれ、その江戸時代の俗称がそのまま町名として定着したとある。そして、関東大震災ののち、日本橋から魚市場が移転して来て活気を帯び、以後も浜離宮の土地や小田原町を合併して現行の姿に広がったこともわかる。この語を使用する際に、こういう解説を参考にして地理的にも歴史的にも正確を期することができる。

一方、「明石町」を引いてみると、最初は江戸期から明治元年までの町名で、名の由来には、播磨明石の漁師が移住したためという説と、佃島を淡路島に見立てると風景が明石の浦に似て見えたからという説があるらしい。蘭学発祥の地であり、築地外国人居留地となった関係で電信が交わされ、教会やミッションスクールが開設され、のちに宣教師によって聖路加国際病院が創立されるなど、のちのちまで異国情緒が残ったとある。前にふれた鏑木清方の作品にも言及してあって、日本画ながら清新で、あの作品に漂うどこか垢抜けた雰囲気が納得できる。また、一時途絶えたこの町名が一八七三年に復活し、地域も同年に船松町・十軒町の一部が、一八九九年に入船町・新栄町・新湊町の一部が加わり、昭和に入ってからも地域を広げて、現在の中央区明石町となった旨の詳細な記述がある。歴史的に扱う際には、そういう事実を確認して慎重を期するに越したことはない。

「銀座」も、地名の由来は江戸幕府の銀貨鋳造所すなわち銀座が置かれたことから、という比較的よく知られた記述から始まる。江戸時代は現在の銀座一～四丁目にあたる地域を新両替町と称し、その別称として「銀座」の名が用いられていたが、一八六九年にその別称を正式の町名として採用したらしく、一～八丁目となったのは一九六八年のことという。

「小金井堤」という項目には、玉川上水両岸の市域にかかる堤をさし、名称は市制一五周年の記念として一九七三年に市民の公募できまったとある。東西約六キロに及ぶ桜は寛政年間から文人墨客の遊覧地となり、「江戸名所花暦」にも武蔵名勝として紹介され、一八八三年には天皇が観桜のために行幸、桜の季節には臨時の駅が開設されたとあるが、近年は「排気ガスのため、衰退の一途をたどっている」という悲痛な結びとなっている。

「早稲田鶴巻町」の項には、南豊島郡早稲田村が牛込区に編入され、一八九一年にこの町名に改称とある。小石川村で放し飼いしていた鶴が飛来してここに住みついたために鶴番を置いたことに由来するという説明が続く。さらに、早稲田茗荷の産地で市街化が遅れていたが、一八八二年に大隈伯爵が戸塚村に早稲田専門学校を設けてから開け始め、一九〇三年に大学に認可されて学生の数が増し、それにつれて茗荷畑は次第に姿を消し、寄宿舎・下宿屋・ミルクホール・珈琲店・書籍文具店が軒を列ねるように面影が一変したともある。

他の府県の巻も同様で、読んでいて楽しいが、教養として身につけるにはあまりに膨大な量の情報が収載されている。せめて自分の文章に取り上げようとする地名だけでも、ひととおり頭に入れておくと、記述の正確さも増し、表現のゆたかさはもちろん、奥行も広がるだろう。

文庫本の北村一夫『**落語地名事典**』（社会思想社）は、五〇〇ほどの落語を対象に、そこに登場する約五七〇の地名を立項し、地域ごとに分類したうえで、由来やそこであった事件やその居住人物や逸話などを解説した趣味の事典だ。落語だけに東京の地名が圧倒的多数を占め、特に台東区や墨田区など江戸の下町が多い。落語「王子の幇間（たいこ）」などに出る「長命寺」は、墨田区向島五丁目にある雪見の名所で、門番の山本新六が墨堤すなわち隅田川の土手の桜の葉を集めて作ったとされる桜餅が今でも有名。落語の「子別れ」に出る吉原遊廓の周囲にめぐらした「お歯黒溝（どぶ）」には、江戸期に幅五間、一八六八年には二間半、一九〇三年には三尺となり、間もなく溝そのものがなくなったとある。落語「目黒のさんま」の舞台である「目黒」の項では、将軍が鷹狩りの場で休息し、さんまの味を愛でたのはどの茶店かという穿鑿（せんさく）までくりひろげている。読んで楽しいだけでなく、話題を展開する際の正確な知識を支える一助ともなる。

2
情報を正確に

話のついでにふれれば、この本の姉妹編に、同じ著者の手になり、同じ出版社から同じ年に刊行された、やはり文庫本の『**落語人物事典**』がある。もちろん、落語の中に出てくる人物だから原則として実在しないが、慌て者の「八五郎」「熊五郎」、馬鹿の「与太郎」、殿様の「赤井御門守」や「杉（松）平柾目正」、小姓の「金弥」、家来の「三太夫」や「治武田（太）治武（部）右衛門」、飯炊きの「権助」、湯屋の「三助」、幇間の「一八」、娘の「お光」といった毎度おなじみの登場人物が総出演するから、そういう話題の場合、思い違いを点検する役に立つはずだ。

実在の人物となれば、やはり人名辞典の類に頼らなければならない。ハンディーな『**コンサイス日本人名辞典**』（三省堂）であっても、国語辞典ではとうていまかなえない豊富な情報が収められている。

上海に内山書店を開き、魯迅を匿うなど日中友好に尽力した「内山完造」、朝日新聞社上海特派員として中国に滞在中に社会主義に身を投じ、コミンテルン諜報機関に参加して、国際スパイとして検挙され、ゾルゲとともに死刑になった「尾崎秀実」、昭和初期の天才的ヴァイオリニスト「諏訪根自子」、『のらくろ』などの漫画家「田川水泡」、幕末の女流歌人で良寛を慕って入門し、美しい師弟愛のこぼれる贈答歌を残した尼「貞心」、江戸中期の浮世絵師「東洲斎写楽」、昭和期の写真家「土門拳」、「カチューシャの唄」「波浮の港」「証城寺の狸囃子」で知られる作曲家「中山晋平」、文章心理学の開祖「波多野完治」、小津映画などに出演し、明眸皓歯の代表的女優

「原節子」、江戸初期の剣豪で技と心の研究書「月の抄」を完成させた「柳生十（重）兵衛三厳（みつよし）」といった、まさに多様なジャンルにわたる一万以上の日本人に関する情報を生没年以下、簡潔に記載してある。その他、神話の世界も取り上げてあり、例えば「天照大神」の項では、古事記・日本書紀のいわゆる記紀神話における最高の太陽神として、イザナギ、スサノオ、大国主命（おおくにぬしのみこと）、神武天皇や、ヤタガラス、天岩戸（あまのいわと）なども盛り込んで詳述し、「太陽神に奉仕する巫女（みこ）の神格化」という起源説で結ぶ。実在の人物のほか、映画寅さんシリーズの「車寅次郎」、真田幸村に仕えたとされる忍術使いの「猿飛佐助」、富田常雄の小説の主人公である柔道の「姿三四郎」から源氏物語の「光源氏」まで登場する。

日本人以外となれば、三八九八〇項目に及ぶ膨大な情報量を誇る『外国人名大辞典』（岩波書店）が頼りになる。「ラム」とあるから『エリア随筆』を残したチャールズ・ラムかと思うと、ほかに三人載っており、「ケネディ」とあるから暗殺されたアメリカ大統領だろうと思うと、これもほかに五人載っている。「オッペンハイマー」も重陽子衝撃による原子核反応を明らかにしたアメリカの物理学者以外に五人、「リー」も映画『風と共に去りぬ』に出演した女優の「ヴィヴィアン・リー」のほか一四人、紛らわしい「李」と書く「リ」に至っては唐の詩人「李白」以外に実に三四二人に上り、リンと読む「林」が二〇人、キムと読む「金」だけでも二七八人を数え、さらには、中国の小説『西遊記』に登場する妖怪「孫悟空」や「猪八戒（ちょはっかい）」まで登載されているという充実ぶりである。

『近代名作モデル事典』(至文堂)には、妖怪ではないが、小説の作中人物のモデルとされる人物に関する諸説が紹介されている。『たけくらべ』の美登利は作者の樋口一葉で、信如は加藤正道、『三四郎』の小川三四郎は小宮豊隆、与次郎が正岡子規、野々宮が寺田寅彦、広田先生が漱石、里見美弥が平塚らいてう、『友情』の野島が武者小路実篤で大宮が志賀直哉、『雪国』の島村が川端康成自身、駒子が小高きく、葉子がよね子、井伏鱒二『本日休診』の三雲八春が南雲今朝男、大岡昇平『武蔵野夫人』の道子が坂本睦子とある。なお、谷崎潤一郎の『細雪』は蒔岡鶴子が森田浅子、幸子が松子、雪子が信子、妙子が重子とあるが、長女は「朝子」と書く資料もあり、「信子」と「重子」は逆と考えるのが有力らしい。

小説でも「A市のB町でC氏がD女史に言い寄った」などと書いたのでは読者の関心をひかない。藤沢周平が『春秋山伏記』の冒頭近くに「最上川に次ぐ大河である赤川の水流は」と具体名で記し、『時雨のあと』でも「両国橋を東に渡って、安蔵は人気のない暗い広場を横切り元町の屋並みに入りかけたが、ふと足を駒止橋の方に向けた。橋を越えた藤代町のあたりに、赤提灯を見つけたのである」と地名・人名ともに固有名詞で描くことによって雰囲気を想像させるのもそのためである。

3 関心を幅広く

文章の幅を広げるために趣味と教養の領域を拡大したい。哲学辞典・美術辞典・色彩辞典から、料理・食材の事典や和菓子の事典、それに園芸百科の事典まで、知識と実用を兼ねた多彩な辞典類を具体的に紹介し、多様な題材の文章を誘い出す一助としよう。

文章を書くとなると、いつも盆栽の話になる人、何かにつけてカーリングの話題に引っぱる人、レゲエにしか興味を感じない人、絵画といっても印象派の先駆となった明るい色調のマネ以外には関心を示さない人、『斜陽』を読んだだけなので太宰ファンかどうかさえはっきりせず、まして文学好きなどとは言えない人など、心惹かれる対象の極端に狭い人間は、どうしても文章にする材料にとぼしく、内容の点で広がりがない。むろん、知っていることを片っ端から書き込むのがいいわけではないが、趣味や教養の幅が広がると、それだけ文章にする材料が豊富になる。そうかといって、知っていることをやたらに並べ立てて店を広げるようでは気品に欠け、人間の底が見える。文章の奥に埋まっている資源が大事なのだ。いわば書かない材料を蓄えておくと、文

3
関心を幅広く

章にそれだけゆたかさが加わるはずである。

どういうわけか、手許にいかにも古めかしい哲学の辞書がある。背表紙に桑木厳翼監修とあるから貫禄を感じさせ、奥付を見ると一九三八年に成光館出版部から刊行されたものらしく、当時まだ歩行を始めたばかりの自分が買うはずはない。むろん書名も『哲學辭典』と堂々と正字体で印刷してあり、当然歴史的仮名遣いで、V音やW音にはウに点を打つだけでなく、ワやヰに点を打ったり、ヲを用いたりしてある時代物だ。科学的な分野、特にIT関係の専門語とは違って、時代が経てば役に立たないというものではないと思い込んで、いつか古本屋で衝動買いしたのかもしれない。

それから五〇年後に出た『岩波　哲学小辞典』とあちらこちら項目を比べてみると、「アガペー」「アプリオリ」「一元論」「イデア」「イドラ」「インド哲学」「ウパニシャッド」「永劫回帰」「エポケー」「オルガノン」「外延量」「神の存在の証明」「詭弁学派」「グノーシス」「産婆術」「朱子学」「純粋理性」「新プラトン学派」「超人」「無知の知」「明晰且判明」「予定調和説」「類概念」「我思ふ故に我在り」などは、両辞典とも共通して立項されている。

古い辞典にある「懐疑学派」「カントに帰れ」「現象学的時間」「先験的弁証論」「二重自我」「有機感情」「理性的神学」「連想学派」といった項目は、新しい辞典にそのままの形では載っていない。「阿修羅」「黄檗宗」「古学神道」「達磨」「菩薩」「煩悩即菩提」「曼荼羅」「妙覚」「来世観」などが新しい辞典に載っていないのは扱う分野のずれだろうが、古い辞典には「アーメン」「イエス・キリスト」「意識態」「形式感情」「形而上学的決定論」「肯定的否定式」「存在判断」「道徳的世界秩序」「美の具象階級」「不可知論」「モザイク心理学」などの項目も収められており、眺めていると教養の幅が刻々広がるような不思議な気分に襲われる。

「アガペー」は「エロス」と対立する概念で、自己を犠牲にして他人に尽くすキリスト的な愛、「エポケー」は一切の判断を中止して現象をありのままに受け入れようとすることをさすなどと、昔読んだか聞いたかして何となく覚えているが、もちろん文章に書くとなれば、そんなあやふやな知識では心もとないから、書く前にこういう辞典で確認しておく必要がある。ソクラテスが、相手との問答をとおして正しい理解に導く方法を、胎児の出産を促す「産婆術」と名づけたのは母親の職業に因(ちな)んだものといった雑学も身につく。

美術関係の話題を扱う際には、『**世界美術大事典**』全六巻（小学館）などをひもといて知識を増やしておきたい。イタリアで刊行された本の日本語訳だが、Ａ４判の大型の本で、カラー写真などの図版が圧倒的に豊富な点は、視覚芸術たる絵画・彫刻の解説書として最大の強みだろう。例えば、「イスラム美術」一二ページ、「ヴェネーツィア」七ページ、「絵画」一一ページ、「ローマ」一七ページというふうに、重点項目には多くのページを割いており、その多くをカラー図版で埋めている。「ウィーン」という項を引くと、都市概説の次に歴史的建造物としてシェーンブルン宮殿やシュテファン大聖堂の写真入りの解説があり、美術史美術館その他の美術館・博物館の説明が続く。眺めているだけで昔日の欧州旅行を思い出したり、将来の夢を描いたり、楽しんでいるうちにおのずと教養が身につくような気になる。「モネ」の項では「アルジャントゥイユのヨット」や「睡蓮」、「ユトリロ」の項では百科全書に載っている「コタンの袋小路」こそないが「ノルヴァン街」などがあり、「レンブラント」では「テュルプ博士の解剖学講義」や「夜警」などがカラー写真で載っている。

そのカラー専門の『**色名小事典**』（日本色研事業）という本もある。俗に早稲田カラーと呼ばれる色について一言ふれようとすると、あれは「臙脂」か「海老茶」かと迷うことがある。そんな場合、この本は二二〇色すべて別刷りの色見本が貼り付けてある。それによれば、「臙脂」は濃い紫がかった赤で、「海老茶」は濃い赤みがかった茶色という説明どおり、色見本でもかなり違った色であることが確認できる。「鴇色」「珊瑚色」「茜色」「飴色」「柿色」「亜麻色」「鳶色」「山吹色」「老緑」「萌黄色」「苔色」「山葵色」「新橋色」「瑠璃色」「納戸色」「鉄紺」「若紫」「菖蒲色」「古代紫」「利休鼠」「鉛色」「漆黒」など、それぞれの違いに自信の持てない色名がすべて実際のその色見本で目にすることができる。

梶井基次郎の『冬の日』に「洗面のとき吐く痰は、黄緑色からにぶい血の色を出すようになり、時にそれは驚く程鮮かな紅に冴えた」という例があり、円地文子の『女坂』には「濡羽色に縁どられた白粉気のない素顔のぬけるような白さ」だとか、「藍を深く吸い込んだ瑠璃色の天鵞絨の襞の多い服が桜色の頬に唇のほっつり紅い中高の顔によく似合って」だとかという色彩ゆたかな表現が現れて生々しい感覚を伝える。

もう一つ、実用的とは言えないが、伊原昭『日本文学 色彩用語集成』（笠間書院）という辞典に近い本を取り上げよう。全体が律文篇と散文篇とに分かれ、前者には「浅黄」は西鶴・芭蕉・蕪村・一茶、「紫」は賀茂真淵・田安宗武・服部嵐雪、後者には「茜」は好色一代男・鎮西弓張月、「玉虫色」は好色二代男・世間胸算用に出るといった情報が、「苔汁の手ぎは見せけり浅黄椀」（芭蕉）、「あかねさす日のうつりを見て」（一代男）、「玉虫色のりんず」（二代男）といった文学作品におけるそれぞれの実例とともに得られる。

眺める方から味わう方へと趣味を広げると、『料理食材大事典』（主婦の友社）という大部の本がある。〔材料〕としてはオレガノ・寒梅粉・庄内麩・三温糖・絹ごし豆腐・舌平目・肩ロースからエスプレッソや酒の銘柄である酒田の初孫まで載っている。〔調理〕としてはあく抜き・裏漉し・昆布締め・奉書焼・フォンデュなど幅広く収録してある。「里芋」の項では特徴・原産地・種類・主産地から栄養・選び方・保存法・料理法や調理上の注意までと解説も詳細にわたる。「醤油」も同様で、歴史や種類や性質だけでなく選び方や使い方も説明。「カレー」の項にも欧風チキンカレーやキーマカレーまで説明があり、「チョコレート」の項も特徴・製造方法・原産地

3
関心を幅広く

から歴史・種類・栄養まで記載されている。

五十音順排列になっているこの事典から、ためしに「てんぷら」という項目を引いてみると、「魚介、野菜などに、といた小麦粉の衣をつけて揚げたもの」という誰でも知っている定義に始まり、スペイン語のテンポラ（四季の斎日）、ポルトガル語のテンペロ（調理）やテンポラ（金曜の祭り）といった語源説に言及し、一六世紀後半から長崎を中心に流行した南蛮料理の一つで、その後は江戸を中心に発達したといった歴史を紹介して、中心である調理法の解説に入る。魚介や野菜という「たね」の選び方、海老・鱚・烏賊・茄子に分けて「下ごしらえ」の仕方、「衣」の作り方を説明し、「油」の説明では、家庭ではサラダ油7ごま油3の割合で揚げると香りもよくおいしいと具体的な指導までする。

「鶏ささ身の梅肉酢」を引いてみると、「霜降りにした鶏ささ身と梅肉酢をとり合わせたもの」という定義に続き、「ささ身は薄塩を当ててしばらくおき、熱湯をかけて霜降りにし、冷水につけて冷ます」と霜降りの手順を述べ、「そぎ切りか拍子木に切り、うどや菊の花などをあしらい、梅肉酢をかける」とその作り方も説明してある。「砂糖」の項を引くと、特徴、原料による分類、製造法による分類、主産地や流通事情、栄養、性質といった解説が展開し、砂糖が含蜜糖と分蜜糖に分かれ、さらに枝分かれする分類表を提示してあり、黒砂糖、ざらめ糖、グラニュー糖、上白糖、三温糖、角砂糖、氷砂糖その他さまざまな砂糖それぞれの位置関係が一望できる。

ちょっと変わったところでは『**事典　和菓子の世界**』（岩波書店）という小粋な本もある。著者の中山圭子という人物は虎屋文庫の研究主査で、東京芸大の卒論テーマが「和菓子の意匠」だったらしいからこういう仕事があるのも納得できる。まずは名称編。パンの部分も平仮名にして「あんぱん」と表記した項目には、「和洋折衷の画期的な食べ物として、明治七年に誕生、銀座の木村屋總本店の初代の考案」という比較的よく知られた起源から入るが、パンとはいえイーストでなく酒麹（さけこうじ）を用いているから、酒饅頭（さかまんじゅう）つまり和菓子作りが土台となっているという専門的な解説が入り、へそに八重桜の塩漬けを入れたのは翌年明治天皇に献上するためという蘊蓄（うんちく）を傾ける記述も楽しい。

「石衣」の項は「小豆餡を小さく丸め、すり蜜をからめ、固めたもの」という定義のあと、「小石が白い衣を羽織ったように見えることから」と命名を推測し、別名の「松露」についても「松に降りた露」ではなく根元に生える茸（きのこ）と解説し、永井龍男の短編『朝霧』に、心臓麻痺で亡くなった人物の日記として「石ごろも三箇甘し」という記述が出るが、それがなぜか、死亡する一週間先の日付になっている、といったこぼれ話を添えて趣を出している。ちなみに、「カステラ」に北原白秋、「五家宝（ごかぼう）」には大田南畝（おおたなんぽ）や寺田寅彦、「ぜんざい」に織田作之助、「松風」に夏目漱石や源氏物語、「みぞれ羹（かん）」に枕草子も登場するなど、文学的な芳香も漂う。和菓子事典と名乗らず、あえて和菓子の世界と銘うったのもよくわかる。「柿の種」「鹿の子（かのこ）」「求肥（ぎゅうひ）」「切山椒（きりざんしょ）」

3
関心を幅広く

「金鍔」「最中」「羊羹」「落雁」「六方焼」など、味わいながら学識も増す。

モチーフ編では和菓子の主要モチーフである「朝顔」「菊」「紅葉」「鮎」「兎」「鶴」「石」「月」「雪」「扇」「茶巾」などを取り上げて解説し、それぞれ一例として菓子をカラーイラストで掲げる。素材・用語編として、餡、和三盆糖、道明寺粉、寒天などの材料を概説し、「打ち物」「棹物」「練り物」といった和菓子の分類や製法用語などを略述する。

詩人の長田弘はエッセイで「季節は街に、和菓子屋の店先からくる」と書いた。硝子戸に新しい菓子の名を毛筆で記した紙を見ると「ああ、季節が変わった」と思うというのだ。

本格的な庭造りではなくとも、ガーデニングというカタカナ語を用い、身近で手軽な雰囲気を演出しつつ、庭木や草花の手入れに精を出す人も多い。『**園芸百科事典**』（主婦の友社）はそういうときの心強い相談相手をつとめる事典の一つだろう。

冒頭に、春夏秋冬の草花、観葉植物、庭木・花木・盆栽のカラー写真が三二四枚ずらりと並び、まずこのアプローチが楽しい。続く前半の園芸編は、無精園芸やリビング園芸といった楽しみ方に始まり、種苗の選び方、草花の育て方に関する全般的な解説に続き、あやめ・おいらん草・桔梗・金盞花・クレマチス・サボテン・シクラメン・芍薬・水仙・睡蓮・チューリップ・福寿草・夕顔・百合といった種類ごとにそれぞれの育て方を説明する。次いで観葉植物を扱い、さらに南瓜・小松菜・トマト・茄子・人参・葱・ほうれん草といった野菜それぞれの作り方の説明へと進む。そのあと、花木、庭木、果樹の育て方として一般的な解説を済ませ、無花果（いちじく）・枳殻（からたち）・柑（かん）橘（きつ）類、あるいはサルスベリすなわち百日紅（ひゃくじっこう）・石楠花（しゃくなげ）・つつじ・椿・錦木・花水木・木犀（もくせい）・蠟梅（ろうばい）といった種類ごとの説明が続く。

後編の庭造り編では、庭木の配植、生垣（いけがき）・垣根あるいは芝生の作り方と手入れ、さらに花壇の設計、庭石の種類と石組みから池の造り方までそろっている。一冊眺めているうちに、あこがれの家を建てて、さあどんな庭にしようかと夢をふくらませている、まるでそんな気分に浸ることができるだろう。

必要に迫られてある事項を調べるという消極的な利用だけでなく、常日頃から折にふれていろいろな事典類に親しんでおくことが望ましい。勉強という気持ちを捨てて、あちらこちらページを繰っては眺め味わい楽しんでいるうちに、いつか次第に文章表現の素材の幅が広がり、それが言語作品の底力となっていくことだろう。

4 四季の味わい

顔を合わせては天候を話題にし、手紙の冒頭に時候の挨拶を欠かさないように、日本人の生活は季節感と切っても切れない関係にある。四季の事典とも言うべき歳時記や、季節のことばの辞典、それに季節感あふれる名歌や名句の事典を紹介しつつ四季を味わおう。

季節の和菓子、四季折々の草花や花木の事典から、それと縁の深い歳時記の話に移ろう。日本人の手紙に時候の挨拶が付き物であるように、エッセイその他の文章に季節の話題が多いのは、やはり四季のはっきりした風土に育ち暮らしているからだろう。一年中の行事や風物などを記し、季語ごとの例句を添えた書物である歳時記が重宝されている。辞典と銘うってあるわけではないが、実質的に季節の事典と考えてもいい。手許にある『**日本大歳時記**』(講談社)は新年を別立てにし、春・夏・秋・冬それぞれの一冊を加えた全五巻からなり、A4判に近い大冊のシリーズで、カラー写真も豊富にちりばめてある。季節ごとの各巻は、それぞれ次のような構成になっている。各季節のごく一部を実例で紹介しよう。

どの巻も最初に〔時候〕の部を設け、春は「啓蟄」「花冷え」など、夏は「麦の秋」「短夜」「夜の秋」など、秋は「残暑」「新涼」「夜長」など、冬は「小春」「年の暮」「短日」「春近し」などの季語を見出しに立てて解説し、それぞれに俳句の例を並べる。

次の〔天文〕では、春は「朧月」「淡雪」「陽炎」「花曇」など、夏は「雲の峰」「南風」「夕凪」「五月雨」「五月闇」など、秋は「鰯雲」「名月」「野分」「霧」など、冬は「木枯」「時雨」「初雪」「風花」などの季語を見出しにして同様の展開となる。

〔地理〕では、春が「山笑う」「春泥」「長閑」など、夏は「赤富士」「土用波」「青田」「清水」など、秋は「山粧う」「花野」「水澄む」など、冬は「山眠る」「枯野」「初氷」「氷柱」などの季語を見出しにして、似たような解説が続く。

〔生活〕では、春が「花衣」「雛あられ」「茶摘」「風船」など、夏が「衣更え」「単衣」「浴衣」「茄子漬」「冷奴」「新茶」「青簾」「虫干し」「行水」など、秋が「新蕎麦」「菊の酒」「燈籠」「相撲」など、冬が「綿入れ」「蒲団」「雑炊」「今川焼き」「おでん」「火鉢」「竹馬」「年忘れ」などの季語を見出しにした解説が並ぶ。

〔行事〕では、春に「初午」「針供養」「山王祭」「花御堂」などがあって、日野草城の「うららかに妻のあくびや壬生念仏」といった例句が添えてあり、夏には「鯉幟」「菖蒲湯」「朝顔市」「神田祭」「祇園会」など、秋には「重陽」「七夕」「迎え火」「菊供養」など、冬には「年の市」

4
四季の味わい

「顔見せ」「除夜の鐘」「芭蕉忌」などの季語が見出しに並ぶ。

また、〔動物〕では、春に「若駒」「猫の恋」「若鮎」など、夏に「時鳥」「翡翠」「鮎」「初鰹」「鱧」「蛍」「蟬」「蚊」など、秋に「渡鳥」「秋刀魚」「鈴虫」など、冬に「鷹」「寒鴉」「千鳥」「鰤」「寒鯉」「海鼠」「牡蠣」などの季語が見出しに並ぶ。

最後の〔植物〕では、春に「紅梅」「木の芽」「若緑」などがあって、阿波野青畝の「山又山山桜又山桜」という例句が添えてあり、夏には「葉桜」「牡丹」「花橘」「青梅」「若葉」「緑陰」「病葉」「菖蒲」「向日葵」「夕顔」「筍」「早苗」「草いきれ」など、秋には「柿」「朝顔」「残菊」「末枯れ」などの季語があり、「道のべの木槿は馬に喰はれけり」という芭蕉の有名な句などが添えてある。そうして、冬には「早梅」「寒椿」「山茶花」「茶の花」「落葉」「枯菊」「大根」「蕪」「枯尾花」などの季語が並び、「水仙や古鏡の如く花をかかぐ」という松本たかしの例句など、読者の目を釘付けにするかもしれない。

日ごろ何となく歳時記を眺めているうちに、「蛙」が春、「まむし」や「祭り」が夏、「虫籠」が秋、「顔見世」が冬、「棚卸し」が新年の季語であることを確認し、時には「ラグビー」が冬の季語なのに驚く。こうしていつか趣深い語彙を広げたり、句の着想を得たりする。

このあたりの知識を整理するには、西谷裕子『**四季のことば辞典**』（東京堂出版）あたりが手軽で便利だろう。風ひとつでも日本人は、春先の日ざしを受けて吹き渡るやわらかい風を「風光る」と形容し、同じく春に西から吹く季節風を「貝寄せ」、東から吹く風は「東風」と呼び分け、新緑のころには「風薫る」と形容し、初夏に青葉を吹き渡る風を「青嵐」と呼ぶ。また、爽やかな秋の風は「色なき風」、雁が渡ってくる季節の北風を「雁渡し」、木も枯れるほどに吹く冷たい風を「木枯らし」と呼ぶなど、物理的には空気の移動にすぎない現象を、自然とのかかわりのうちに肌で感じ分けてきた民族であったことに驚く。

この本は俳人でもある著者が、日本の四季を彩る季語を解説しながら、それにちなんだ行事や風習、故事や関連する逸話から童謡や古典の一節などを引用し、最後に例句を引いて結ぶ、いわば一口エッセイ集であり、春夏秋冬のほか新年を別立てにしてあることを含め、個人の手になる小さな歳時記と見ることができるだろう。

「淡雪」「陽炎」「春泥」「白魚」「凧」「名残雪」「逃げ水」「花衣」「日永」「別れ霜」などの並ぶ春の部では、「揚げ雲雀」の項に万葉集から「うらうらに照れる春日に雲雀あがり情悲しも独りしおもへば」という大伴家持の短歌を引きながら解説し、「朧」にも「朧夜や顔に似合ぬ恋もあらん」という夏目漱石の俳句を引き、「霞」には日本古謡の「さくらさくら」、「桜貝」にはラジオ歌謡の「さくら貝の歌」を引くなど、懐かしい調べを奏でる。

「紫陽花」「油照り」「空蟬」「夾竹桃」「雲の峰」「早苗」「走馬燈」「端居」「風鈴」「山滴る」などの並ぶ夏の部では、「青蛙おのれもペンキぬりたてか」という芥川龍之介の句、「行水の女にほ

4
四季の味わい

れる鳥かな」という高浜虚子の句、「張りとほす女の意地や藍ゆかた」という杉田久女の句のほか、「かたつむり」「黄金虫」といった唱歌も登場する。

「天の川」「新酒」「七夕」「重陽」「燈籠流し」「花野」「彼岸花」「水澄む」「山粧う」などの秋の部では、「鮎落ちて美しき世は終りけり」という殿村菟絲子の句、「柿食へば鐘が鳴るなり法隆寺」という正岡子規の句、「団栗の寝ん寝んころりころりかな」という小林一茶の句、「名月や池をめぐりて夜もすがら」という芭蕉の句などが顔を出す。

「大晦日」「神楽」「寒月」「炬燵」「細雪」「時雨」「節分」「酉の市」「餅つき」「行く年」「柚子湯」「湯豆腐」などの冬の部では、「熱燗にうそもかくしもないといふ」という久保田万太郎の句、「木がらしや目刺にのこる海のいろ」という芥川龍之介の句、「大根引き大根で道を教へけり」という小林一茶の句、「九十の端を忘れ春を待つ」という阿部みどり女の句などが散らしてあり、「山茶花」の項には、「かきねのかきねのまがりかど」で始まる童謡「たきび」に出てくる「さざんか　さざんか　さいたみち」の紹介が色を添える。

もう一つ、「恵方」「鏡餅」「門松」「初詣で」「羽子突き」「福笑い」などの新年の部では、「去年今年貫く棒の如きもの」という高浜虚子のよく知られた句や、中村汀女の「いづくともなき合掌や初御空」、永井荷風の「子を持たぬ身のつれづれや松の内」などをちりばめ、元朝の清新な気がほとばしる滝川愚仏の「若水や筧の竹の青きより」という一句で結ぶ。

角書き風に小さく「歳時記の心を知る」と冠した『名句鑑賞事典』（三省堂）は、古今の名句を鑑賞することを主眼とした解説からなるが、やはり季語にしたがって排列してあるから、この国の風土を知り、季節の移り変わりを実感し、ひいては日本人の心を味わうのに手軽なアンソロジーとなっている。編者は森澄雄。春の部には、「暖かや飴の中から桃太郎」という川端茅舎の句、「外にも出よ触るるばかりに春の月」という中村汀女の句、「春の燈や女は持たぬのどぼとけ」という日野草城の句、「黛を濃うせよ草は芳しき」という松根東洋城の句などにまじって、時折、嵐雪の「梅一輪一輪ほどの暖かさ」、蕪村の「菜の花や月は東に日は西に」といったすでに古典となっている名句も折り込まれる。

夏の部には、一茶の「涼風の曲りくねつて来りけり」、三橋鷹女の「夏痩せて嫌ひなものは嫌ひなり」、久保田万太郎の「神田川祭の中をながれけり」、高野素十の「蟻地獄松風を聞くばかりなり」、室生犀星の「青梅の臀うつくしくそろひけり」など、秋の部には、芭蕉の「此の道や行く人なしに秋の暮」、高浜虚子の「彼一語我一語秋深みかも」、蕪村の「月天心貧しき町を通りけり」、渡辺水巴の「天渺々笑ひたくなりし花野かな」など、冬の部には、種田山頭火の「鉄鉢の中へも霰」、中村草田男の「降る雪や明治は遠くなりにけり」、富安風生の「家康公逃げ廻りたる冬田打つ」、後藤夜半の「着ぶくれてわが生涯に到り着く」、芥川龍之介の「水洟や鼻の先だけ暮れ残る」などがあり、解説とともに季節感が存分に味わえる。

4
四季の味わい

季節感を俳句から短歌へと広げれば、これと対をなすように、馬場あき子編『日本名歌小事典』（三省堂）という小柄な本がある。これも前書の構成と同様、まずは季節ごとに展開する。

春の部では、「石ばしる垂水(たるみ)の上のさ蕨(わらび)の萌え出づる春になりにけるかも」という志貴皇子(しきのみこ)の一首に始まり、大伴家持の「春の苑紅にほふ桃の花下照る道に出で立つ少女」、紀友則の「久方の光のどけき春の日にしづ心なく花のちるらむ」、後鳥羽院の「見わたせば山もとかすむ水無瀬川夕は秋となに思ひけむ」などを取りあげて解説・鑑賞する。

夏の部も、「春過ぎて夏来るらし白栲(しろたえ)の衣乾したり天の香具山」という持統天皇の一首に始まり、西行の「みちのべに清水ながるる柳かげしばしとてこそ立ちとまりつれ」や、式子内親王の「かへりこぬ昔を今と思ひ寝の夢の枕ににほふ橘」など、秋の部は、「秋来ぬと目にはさやかに見えねども風の音にぞおどろかれぬる」という藤原敏行の一首から始まり、藤原定家の「見わたせば花も紅葉もなかりけり浦の苫屋(とまや)の秋の夕暮」や、良寛の「月読(つきよみ)の光を待ちて帰りませ山路は栗のいがの多きに」、大江千里の「月見ればちぢにものこそかなしけれわが身ひとつの秋にはあらねど」など、そして冬の部は、「田児(たご)の浦ゆうち出でてみれば真白にそ不尽(ふじ)の高嶺(たかね)に雪は降りける」という山部赤人の一首や、定家の「駒とめて袖うちはらふかげもなし佐野のわたりの雪の夕暮」などを引いて解釈し鑑賞する。

このへんまでは歳時記の短歌版といった趣だが、このあと歌集らしく恋の部へと進み、「もがみ河のぼればくだるいな舟のいなにはあらずこの月ばかり」という東歌(あずまうた)を引き、「稲舟」と同音の「否(いな)」を結びつけ、今月だけは待ってと結婚の延期を求めているところから、神事に仕える巫女(みこ)の一首かと推測を交えて解説する。次の哀傷の部では、「世の中は空しきものと知る時しいよよますます悲しかりけり」という、妻郎女(いらつめ)の死去の際の大伴旅人の一首など、羇旅(きりょ)の部では、「天の原ふりさけみれば春日なる三笠の山にいでし月かも」という安倍仲麻呂の一首、雑の部では、「淡海(あふみ)の海(み)夕波千鳥汝(な)が鳴けば情(こころ)もしのに古(いにしへ)思ほゆ」という柿本人麻呂の一首や、「めぐり逢ひて見しやそれともわかぬ間に雲がくれにし夜半の月かも」という紫式部の一首などを掲げて、それぞれ簡潔に解釈・鑑賞を記している。

全体としては日本の四季の味わいにとどまらず、文章のゆたかな種となる文学的な素養を広げる教養の書としての働きも兼ねていることになろう。

5 文学の沃野へ

好きな作家や作品という個人ワールドから一度思いきり羽を伸ばし、文学の大空を翔けめぐってみたい。海外にまで視野を広げて世界文学の事典を眺め、そこから飜って日本古典の辞書をのぞき、近代文学それもまさに現代の作家・作品まで辞典を縦横に楽しもう。

文章のもとになる内容をゆたかにするため、四季をめぐる詩歌からさらに教養の幅を広げよう。一気に海外にまで視野を伸ばすと、『**世界文学大事典**』(集英社)という大きな企画が目に入る。全六巻、A4判近い紙面で各巻一〇〇〇ページ近い膨大な情報量だ。

詩集「悪の華」で知られるフランスの詩人「ボードレール」の項は一一ページにも達し、「トーマス・マン」や「李白」もそれぞれ六ページを占める。「ポー」「ボッカチョ」「マルロー」「ミルトン」「メルヴィル」「モリエール」などはもちろん、哲学者の「ヤスパース」、数学や物理学の功績で知られる思想家「ライプニッツ」、作曲家の「リスト」など、幅広い人材が収められている。個人名や著作だけでなく、「イギリス文学」という大きな括りの概説に九ページ、同じく

「中国文学」に八ページ割いているほか、「喜劇」「詩学」「小説」といったジャンルから、「象徴主義」「リアリズム」といった芸術表現の傾向、「ラテン詞華集」「グレゴリオ聖歌」「お涙頂戴劇」「コヴェント・ガーデン劇場」「サマセット・モーム賞」「ケンブリッジ大学出版局」、それに、「チャールズ・ラム」という人名とは別に、その「エリア随筆」を連載した雑誌名「ロンドン・マガジン」という項目まで収録してある。

日本語という言語を意味する「国語」ということばは衰退し、「国語」は主に学校の教科をさす語として今でも健在だが、「国文学」という語はほとんど「日本文学」に移行した感がある。そういう傾向を反映してか、国文学関係の辞典も時代別に『日本古典文学大辞典』（岩波書店）と『日本近代文学大事典』（講談社）とに分かれ、いずれも「日本」と冠し、ともに大判の全六巻の構成となっている。

古典のほうは、「柿本人麻呂」という一人の項目に三ページを割くほどの詳しさ。「赤染衛門」という項目を引くと、生没年未詳ながら平安時代の歌人で中古三十六歌仙の一人とされ、大江匡衡（まさひら）と結婚してから匡衡衛門とも呼ばれ、『紫式部日記』にその名が出るといった概説に続き、出自として、父は赤染時用とされるが、実父は平兼盛で、母親が身ごもったまま再婚したため、その認知をめぐって訴訟沙汰になったという『袋草紙』の記述があり、次いで事蹟や作品について詳細な解説が続く。この項とは別に、その家集『赤染衛門集』も立項され、近松門左衛門青年期の作と擬せられる浄瑠璃『赤染衛門栄華物語』という項もある。
同じく平安時代の歌人の「在原業平」には六歌仙の一人とあり、五男だったため在五中将とも呼ばれ、八八〇年五月二八日に五六歳で没したといった概説に始まり、閲歴、実像と虚像、作品という見出しのもとに詳述してある。それとは別に『伊勢物語』という項目が三ページ以上にわたって解説され、以下、『伊勢物語惟清抄』『伊勢物語絵巻』『伊勢物語愚案抄』『伊勢物語古意』『伊勢物語百韻』『伊勢物語集註』『伊勢物語髄脳』『伊勢物語童子問』ほか、写本や研究書などが二二項目も並ぶほどである。

そのほか、「俳文」や方言集の『浜荻』、「琵琶法師」や謡曲『舟弁慶』から、教典を説く「変相」や印刷用語の「版下」といった項目まで、さまざまな用語解説が収録されており、圧巻である。

一方、近代文学のほうの大事典も充実している。「幸田露伴」や「幸田文」はもちろん、史学者の「幸田成友」という項目もあり、寄宿舎で夏目漱石と同室だったといった豆知識も楽しい。「佐藤春夫」はもちろん、「佐藤愛子」「佐藤紅緑」「サトウハチロー」と親子がそろい、歌人の「佐藤佐太郎」、詩人で「人生劇場」などの作詞も手がけた「佐藤惣之助」、飄逸な随筆「たぬき汁」で知られる「佐藤垢石」、児童文学の「佐藤さとる」、映画評論家の「佐藤忠男」、仏文学者の「佐藤輝夫」などと幅広く立項。「永井」だけでも「永井荷風」や「永井龍男」のほか、荷風の父である漢詩人の「永井禾原(かげん)」、「アムール河の流血や」などの作詞家「永井建子」、仏文学者の「永井順」、国文学者の「永井一孝」、歴史小説の「永井路子」、雄弁家として名高い政治家・評論家の「永井柳太郎」、児童劇作家の「永井鱗太郎」など多彩な人物が立項されている。

この分野の事典だから、人名以外にも、「自然主義文学」「浪漫主義文学」「新感覚派」、あるいは「伝記」「転向文学」「肉体文学」「新聞小説」あたりは立項するのが常識かもしれないが、『改造』『群像』『文學界』『文学行動』『文藝春秋』といった文学雑誌や同人雑誌名から『キネマ旬報』まで広く立項してある。

俳句雑誌『木太刀』の項目には、編集局員岡本綺堂、幹事星野麦人、後見巌谷小波とあり、徳田秋声の小説も載り、坪内逍遙・与謝野鉄幹らも執筆するほどの幅を持っていたことが記されている。また、窪田空穂の系統を引く短歌雑誌『まひるの』の項には、長男の章一郎の主宰で、生活実感重視という基盤の上に民衆詩を志す活動を展開し、武川忠一・馬場あき子らの理論・実作を得て、現代短歌の大きな指標集団をなすまでに発展したといった解説があるなど、それぞれに読んで意外な発見に驚くことも多い。

そのほか、「新しき村」「カストリ雑誌」「軽演劇」「原稿用紙」「小新聞」「国会図書館」「啄木記念館」「出版社」「新書」「新日本文学会」「根岸短歌会」「美的生活論」「婦人運動」「文学賞」などまであり、「日本近代文学とニーチェ」といった項目も設けられている。

5
文学の沃野へ

文学関連のこの分野でもう一つ、浅井清・佐藤勝編『日本現代小説大事典』（明治書院）を取り上げてみよう。これは一冊ものだが、実に一六一四ページを数え、執筆者も大河内昭爾・東郷克美・中島国彦・千葉俊二ら三〇〇名を超える大集団を動員する一大事業であったようだ。巻頭の写真ページで深刻そうな表情をした夏目漱石の下に、芥川賞の贈呈式で笑顔のはじける綿矢りさ・金原ひとみの写真が載り、菊池寛・横光利一・川端康成の下に宮部みゆき、志賀直哉・武者小路実篤ら白樺派関連の本や芥川龍之介『羅生門』の下に宮本輝『螢川』や村上春樹『ノルウェイの森』が載っていることに象徴されるように、「現代」といってもまさに新旧入り乱れての競演という趣を呈している。

主な内容は前半が作品編、後半が作家編となっていて、それぞれ五十音順に並んでいる。そのため作品編は佐藤紅緑の『あゝ玉杯に花うけて』から始まる。解説は、講談社の雑誌『少年倶楽部』に一九二七年の五月号から翌年の四月号まで連載、完結と同時に単行本として刊行された、という初出に関する情報に続いて、豆腐屋のチビ公こと青木千三という向学心に燃える貧しい少年が苦労をして憧れの一高に入学する、といった「あらすじ」の部分と、当時の編集長に懇望されて執筆した少年小説の代表作で、題名は旧制一高の寮歌の一節を引いたものだといった「みどころ」の部分とから構成されている。

樋口一葉『にごりえ』、泉鏡花『高野聖』、森鷗外『舞姫』、夏目漱石『門』、志賀直哉『暗夜行路』、谷崎潤一郎『細雪』、芥川龍之介『地獄変』、川端康成『雪国』、井伏鱒二『黒い雨』、太宰治『人間失格』、大岡昇平『野火』、安部公房『他人の顔』などが並ぶのは言うまでもないが、福沢諭吉『福翁自伝』、仮名垣魯文（ろぶん）『西洋道中膝栗毛』、半井桃水（なからいとうすい）『胡砂吹く風』、小泉八雲『耳なし芳一』、高浜虚子『柿二つ』、相馬黒光『黙移』、あるいは大衆小説畑の池波正太郎『鬼平犯科帳』、宇能（うの）鴻一郎『鯨神』、小島政二郎『円朝』、菊田一夫『君の名は』、五味康祐『柳生武芸帳』、子母沢寛『勝海舟』、山岡荘八『徳川家康』、吉屋信子『夫の貞操』、吉行エイスケ『女百貨店』、それに、あまんきみこ『車のいろは空のいろ』、石井桃子『ノンちゃん雲に乗る』、岡野薫子『銀色ラッコのなみだ』、中川李枝子『いやいやえん』、松谷みよ子『ちいさいモモちゃん』シリーズといった童話畑の作品、漫画家手塚治虫の映像作品『鉄腕アトム』、同じく宮崎駿『千と千尋（ちひろ）の神隠し』、水木しげるの自伝小説『のんのんばあとオレ』、そうかと思うと哲学者和辻哲郎『自叙伝の試み』など、驚くほど裾野が広い。

そして、まさに現代の作品を幅広く収録してあり、これで時代ごとのバランスがとれているのか、いささか気にはなるものの、それだけに現代人にとっての便利さは、他に類を見ない。赤川次郎『三毛猫ホームズの推理』、赤坂真理『ヴァイブレータ』、阿川佐和子『屋上のあるアパート』、阿久悠『瀬戸内少年野球団』、浅田次郎『鉄道員（ぽっぽや）』、阿刀田高『来訪者』、安部譲二『塀の中の懲りない面々』、荒木経惟（のぶよし）『書き下ろし小説』、有栖川有栖『月光ゲーム』、池井戸潤『果つる底なき』、石田衣良『骨音』、大槻ケンヂ『くるぐる使い』、大鶴義丹『スプラッシュ』、落合恵子『バーバラが歌っている』、角田光代『エコノミカル・パレス』、金原ひとみ『蛇にピアス』、京極夏彦『嗤う伊右衛門』、幸田真音『日本国債』、佐藤賢一『王妃の離婚』、笙野頼子『タイムスリップ・コンビナート』、鷺沢萠『駆ける少年』、椎名誠『哀愁の町に霧が降るのだ』、塩野七生『ローマ人の物語』シリーズ、重松清『ビタミンF』、篠田節子『女たちのジハード』、島田雅彦『優しいサヨクのための嬉遊曲』、清水義範『国語入試問題必勝法』、関川夏央『海峡を越えたホームラン』、高橋源一郎『さようなら、ギャングたち』、高村薫『晴子情歌』、田口ランディ『コンセント』、多和田葉子『かかとを失くして』、つかこうへい『蒲田行進曲』、辻井喬『虹の岬』、辻原登『村の名前』、なかにし礼『長崎ぶらぶら節』、橋本治『桃尻娘』、ビートたけし『少年』、東野圭吾『放課後』、姫野カオルコ『サイケ』、平野啓一郎『日蝕』、藤沢周『死亡遊戯』、堀江敏幸『熊の敷石』、町田康『くっすん大黒』、宮城谷昌光『夏姫春秋』、室井佑月『熱帯植物園』、森絵都『宇宙のみなしご』、山口洋子『演歌の虫』、唯川恵『肩ごしの恋人』、横山秀夫『動機』、リービ英雄『星条旗の聞こえない部屋』、綿矢りさ『インストール』と、ほんの一部を並べるだけで全体の見当がつくだろう。二〇〇四年の刊行だから、当然ごく最近の作品は含まれていない。それでも、従来の文学事典に載っていない情報がごろごろ転がっている。

このような約二二〇〇作品の解説の次に、約一五〇〇名の作家解説が続く。例えば、「桜井忠温」の項には、生没年月日の次に「軍人・小説家・随筆家・画家」とあり、旅順攻囲軍での体験を基に発表した『肉弾』は世界的なベストセラーとなったという情報も出る。その上の段に掲載されている「坂本光一」の項には、『白色の残像』で江戸川乱歩賞を受けたことはもちろん、「シヨートとして東京六大学野球で活躍」などともあって退屈しない。また、「辻仁成」の項には、「小説家・歌手・映画監督」とあり、次に、ロックバンド「エコーズ」を結成し、『ピアニッシモ』ですばる文学賞を受けてデビューとあり、『海峡の光』で芥川賞、『白仏』で日本人初のフェミナ賞と解説したあと、映画化された江國香織との共著『冷静と情熱のあいだ』にもふれている。また、「橋本治」の項には、卒論は「鶴屋南北」ということまで載っており、東大在学中に駒場祭のポスターの「とめてくれるなおっかさん　背中のいちょうが泣いている　男東大どこへいく」で有名になったという説明が続く。

付録も楽しめる。「映画化一覧」を見れば、山本周五郎原作の黒澤明作品『赤ひげ』で三船敏郎、宇野千代原作の市川昆作品『おはん』で吉永小百合、中野実原作の渋谷実作品『好人好日』で笠智衆、樋口一葉原作の五所平之助作品『たけくらべ』で美空ひばり、井伏鱒二原作の豊田四郎作品『珍品堂主人』で森繁久彌・淡島千景、織田作之助原作の同じく豊田作品『夫婦善哉』でもその二人、そして、幸田文原作の成瀬巳喜男作品『流れる』で田中絹代、林芙美子原作の同じ成瀬作品『晩菊』で杉村春子・沢村貞子、川端康成原作のやはり成瀬作品『山の音』で原節子が、それぞれ主演を務めていたこともわかる。

また、「都道府県別作家一覧」を眺めれば、山形県では高山樗牛・田沢稲舟から浜田広介・丸谷才一・藤沢周平・井上ひさし、そして奥泉光・佐藤賢一・阿部和重ら、広島県からは小山内薫・鈴木三重吉・井伏鱒二・高垣眸・原民喜・阿川弘之・山代巴・竹西寛子・阿部昭・高橋源一郎らが輩出していることがわかる。さらに「登場人物索引」などもあり、「青成瓢吉」は尾崎士郎『人生劇場』、「お島」は徳田秋声『あらくれ』、「勝呂」は遠藤周作『海と毒薬』、「野中宗助」は夏目漱石『門』、「雪子」は谷崎潤一郎『細雪』のほか、久坂葉子『ドミノのお告げ』にも出てくることがわかる仕掛けになっている。

これだけでも膨大な情報量なのに、どういうわけか日本の現代小説という枠組みさえ越え、「世界名作選」としてアメリカ・イギリス・フランス・ドイツ・ロシアなどの名作一〇〇選として、それぞれの小説のあらすじを紹介してある。選定方法は記されていないが、シェークスピア・スタンダール・ゲーテ・プーシキンだけが二編で、ドストエフスキーもモーパッサンも他はすべて一編だけで、なぜかトルストイは落選したらしい。この世界一〇〇選の中に『モモ』『白雪姫』『ガリバー旅行記』『アルプスの少女』『シャーロック・ホームズの冒険』『赤毛のアン』『ハリー・ポッター・シリーズ』などが含まれているのも注目される。

ともあれ、アーヴィングの『ガープの世界』、カポーティの『冷血』、コンラッドの『闇の奥』、ソログーブの『毒の園』、ナボコフの『ロリータ』、ベローの『この日をつかめ』、レールモントフの『悪魔』その他、わずか一、二分で、知らなかった知識の穴を埋め、薄れた記憶を確認できるのはありがたい。こうなると、世界に羽ばたいてみせる試みも、文学ファンには便利だろう。あちこちめくっては楽しんでいるうちに、居ながらにして落語でおなじみの横町の隠居のように博識になった気分になれるかもしれない。

このような文学関連の事典もぱらぱらめくって作家解説に目を走らせているうちにその人間性に興味を抱いて作品を読むきっかけとなることもある。作品の「あらすじ」を読んで興味をひかれ、その作品を読みたくなるケースも多い。22章で紹介する『日本の作家　名表現辞典』や26章で紹介する『日本語　文章・文体・表現事典』では、作品の一節を引用して表現の方法と効果に関する具体的な分析・鑑賞を施しているので、各自の文章力を鍛えるヒントがあふれているはずである。

6 教育の目配り

言語教育の現場に直結した分野の辞書として、作文指導の事典や、国語科全体の教授内容を解説している百科や、国語教育全体を見渡す辞典、それに外国人学習者および日本語教師を対象とした日本語教育関連の辞典を紹介し、作文に応用できる方策を探りたい。

日本人に対する国語教育や、外国人のための日本語教育など、教育の分野でもある程度の知識を蓄えておきたい。単に万般の知識を得て、鼻をうごめかしつつ自慢げな顔をするためだけでない。特に指導法の具体的な方策については、読者自身の反省材料ともなり、文章の実践に際しヒントを与える内容も少なくないからだ。

手許になぜかうんと古い『**中等作文辞典**』という本がある。奥付に「明治三七年」とあるから二〇世紀に入ってすぐ、その名も明治書院という出版社から刊行されたことがわかる。発行人の名が三樹一平とあるから、この老舗出版社の代々の社長の先祖らしい。著者は森下松衛で、当時の国語教科書の編著者であった落合直文の校閲を経たことが明記してある。「中等」とあるのはもちろん旧制中学のことで、そのレベルの学生が「作文の際、文字を探り、章句を練るに資せしめんとの目的を以て、編纂したるものなり」と巻頭の著者の言にあるとおり、作文を書く際に用いる語彙を集め、その語の仮名づかいと漢字表記を示し、言い換えに近い形で意味を述べ、時に、「下衆」に「―野郎」といったその語の使用例や、「けさ」に「今暁」「今朝」という漢語を示すなど、代替候補の類義語を添える、それが各項目の基本的な構成となっている。また、「けし」の項では「芥子」という漢字表記を示し、単に「草の名」と記すだけ、「げし」の項も漢字で「夏至」と書き、「時候の名」とヒントを与えるにとどまる。作文の指導書というよりも今日の用字用語辞典に近い内容である。

　作文の本質論から始まって、具体的な計画と実践やその史的展望までを体系的に整理したものとしては、『**新作文指導事典**』（第一法規）がある。編集委員の井上敏夫・倉沢栄吉・滑川道夫のほか、石井庄司・大村はま・国分一太郎・波多野完治・飛田多喜雄ら八〇名近い学者が分担執筆したスケールの大きな一冊だ。

〔作文教育の意義〕〔作文指導の計画〕〔作文指導の展開と方法〕〔作文教育をめぐる諸問題〕という四部構成で、「作文指導の目標と内容」「作文の指導計画」「取材・構想・記述・推敲の指導」「評価と処理の実際」「学校内外における作文諸活動とその指導例」「表現技能の指導」「書けない子、嫌いな子の指導」「作文指導の方法」「諸外国の作文指導」「作文指導のための基本的文献」「作文・綴方教育略年表」などといった三一の章に分かれている。

多くの図表を掲げ、また、実際の作品例を示しながら、具体的にわかりやすく解説しているのが特色だが、二七章「作文教育の研究とその課題」の中に、「教育心理学的見地から」「言語学的見地から」などと並んで、どういうわけか「新修辞学的立場から」などという節が設けられている。一例として、そのほんの一部を具体的に紹介しよう。それはまず、「いい文章はそれを読む者に充実した時間をつくりだす」という一風変わった名文観を提示し、そこに盛られた知見で相手を唸らせたり、表現技巧で酔わせたりするよりも、「読んで本当によかったと思わせる文章を書こう」と始まる。文章の成否は、「果てしなく広がる世界のどこをどう切り取るか」という、その人なりのものの感じ方、考え方、ひいては「その人間の生き方とも言えるもの」と深くかかわっているとし、「表現対象の在り方のニュアンス」を感じ分け、「それに対する表現主体のとらえ方のデリカシー」を描き分けるためにこそ表現をみがくのだという立場から、原稿用紙一〇〇枚以上という小学校の卒業課題に挑んだある六年生の長編作文のうち「アメリカ大旅行」と題する章の冒頭部分の一節を実例として、すぐれた表現とは何かを実証的に考えた論文である。

原文は、「今年の夏、僕は一週間ぐらい学校を休んで、UNITED STATES OF AMERICA 略してUSA、アメリカに行った」と始まる。日本語学校の校長に頼まれて父親が夏学期に全米から集まる大学生に日本語を教えることになったという事情説明をはさみ、「僕は出発の前の日まで学校へ行った。最後まで誰にも言わないでおいて、学校が終わってから、明日僕がアメリカに行くということを黒板に書いて、すぐ帰って来た。／そして、その日の夜に、田川君に電話して、僕が黒板に書いたことを信じているかどうかたしかめた。やはり信じていなかった」と続き、「あれ、うそだろ」と田川君が言ったので云々と展開する。この書き出し、『あれ、うそだろ』と田川君が言った。僕は明日アメリカに行くと黒板に書いて、急いで学校から帰って来たのだ」とでも始めたほうがすっきりとするし、読み手の関心をひくのかもしれないが、行く先を単に「アメリカ」で済まさず、ことばを換えて三度も繰り返さずにいられない得意満面のこの書き出しには、幼い感動がはじけている。翌日みんなのアッと驚く顔を想像しながら飛び立ってやろうという茶目っ気たっぷりなロマン、友達の前でこの大事件を口走りたいのをじっと我慢してきた数日があったはずだ。そういう言外の意味が、こみあげてくる笑いを嚙み殺し、鼻の孔をふくらました表情とともに読者に素直に伝わってくるのは、むしろ稚気あふれる表現だったからだとする。うまい文章とは違う、いい文章とは何かを考えさせるヒントとなることだろう。

国語科全体の教授内容を解説した事典としては、最初に、「**学習指導百科大事典　エベレスト**」の第3巻として編集された『国語』（国際情報社）を取り上げよう。貴重な文化遺産としての日本語、小中学校の生徒がその国語に関する知識をゆたかにし、古典や近代の文学に対する理解を深めるための学習内容を盛り込んだ指導事典だ。滑川道夫監修のもとに、教育現場を知る多数の小学校教諭が執筆したもので、生徒が自分で調べられるように、多くの図版を挿入し、わかりやすく解説している。〔ことばとわたしたち〕では「名まえのない国の話」「聞く耳話す口」、〔のびのび表そう〕では「絵を見て物語をつくろう」「劇をしよう」、〔ことばによる表現―書く〕では「学級新聞をつくる」「楽しい物語をつくる」、〔読書のひろがり〕では「写真を読む」「本のしょうかい」、〔ことばによる理解―読む〕では「場面やようすを読みとる」「伝記や脚本を読む」、〔声に出すことば〕では「あいさつ」「話しあいの基本」、〔文字とことば〕では「漢字のなりたち」「意味が対になることば」、〔ことばのきまり〕では「敬語」「表現のくふう」などの節があり、それぞれ何年生向きの内容かを数字で示してある。そして、最後に、資料集として「枕詞」「季語」「年中行事」の一覧が掲載されている。

次に取り上げる『**国語教育研究大辞典**』（明治図書）は、Ａ４判近い大きな判型で一〇〇〇ページに及ぶ大冊の本格的な辞典で、「研究」と銘打つだけあって、こちらは国語教師の頼りになる参考書という位置づけになる。国語教育の飛田多喜雄を編集代表とし、同じ畑の石井庄司・井上敏夫・滑川道夫らのほか、言語学・国語学あるいは日本語教育畑の國廣哲彌・小出詞子（ふみこ）・佐藤喜代治・柴田武・築島裕・永野賢・野元菊雄・林大（おおき）・林巨樹（おおき）・平山輝男・南不二男・渡辺実といった錚々（そうそう）たる学者を含む実に二百数十名に達する執筆陣を誇る。

全体が五十音順に排列されているが、冒頭に内容目次があって、大きく一〇部に分かれている。

それに従って順にその項目のページを追えば、分野ごとにまとまった知識を得ることができる。全体として国語教育の世界に関する大部な概論書として利用することも可能になるような構成となっている。以下に各部の内容を摘記して全貌を示そう。

一の〔国語教育通論〕は、1通記（国語と日本語など）、2教育課程（学習指導要領など）、3国語科教育（国語教科書など）、4世界の国語科教育、5評価、6国語教師・研修という構成。

二の〔言語の部〕は、1言語総論（言語生活など）、2音声・音読（音便など）、3文法（学校文法など）、4文字（画数など）、5文章（段落など）、6修辞・表現（比喩など）、7語句・意味（学習基本語彙など）、8表記・かなづかい（送り仮名など）、9会話（コミュニケーションなど）、10その他（国語審議会など）という構成。

三の〔文学教材の部〕は、1指導法（詩教材など）、2児童文学（劇画など）、3詩（童謡など）、4劇、5物語（狂言など）、6近代文学、7文学用語（心理描写など）、8教科書掲載作品の作家（新美南吉など）という構成。

四の〔説明文教材の部〕は、1説明的文章のジャンル、2文章形態、3表現（事実と意見など）、4教材化の歴史、5読解指導（批判読みなど）という構成。

五の〔作文教材の部〕は、1総論（作文指導の変遷など）、2形態とその指導（意見文など）、3技能（構想・構成など）、4指導方法（作文教材など）という構成。

6
教育の目配り

六の〔話す・聞く教材の部〕は、1活動（形態）と2指導方法（共通語指導など）という構成。

七の〔書写教材の部〕は、1総論、2指導方法（書体など）、3書写技能（書風など）、4用具・教材という構成。

八の〔学習指導の方法〕は、1教材研究（指導計画など）、2学習指導過程（スキル学習など）、3指導技術（教育機器の活用など）、4授業研究（味読など）という構成。

九の〔評価〕は、学習診断、学力標準検査、達成度評価、習熟度評価などで構成。

十の〔国語教育史〕は、1人物（芦田恵之助、大村はま、西郷竹彦など）、2国語教育文献（上田万年「国語のため」、垣内松三「国語の力」など）の紹介のほか、素読主義・開発主義・統合主義・写生主義の教授法、センテンス・メソッド、形象理論、解釈学、生活綴り方その他の歴史的考察、それに、国語教育方法論史で構成。

いかに広範な総合的内容が盛り込まれているかは、こういう骨組みの抜粋からもうかがえよう。個々の項目の解説の具体的な姿を寸描しておこう。例えば、「比喩」という項目は、比喩の定義に始まり、比喩であると認定する際の問題点を列挙し、比喩の広がりを一望した上で、代表的な比喩法として「直喩」と「隠喩」、関連の深いレトリックとして「擬人法」を取り上げ、それぞれ小項目を立てて、「猫の足はあれども無きが如し」から「空を踏むが如く、雲を行くが如く、水中に声を打つが如く」と展開する夏目漱石『吾輩は猫である』の例や、「敬語はまだまだ御壮健であらせられる」といった井上ひさし『私家版日本語文法』の例など豊富な実例を駆使して解説してある。

量的にも、「国語教育」という項目が「意義」「範囲と構造」「歴史」という見出しのもとに三ページにわたって解説された次に、「国語教育制度」という項目が続き、それが四ページにわたって展開されたそのあとに、「国語教育と外国語教育」という項目が続き、さらに時枝誠記の著書『国語教育の方法』という項目、飛田多喜雄の著書『国語教育方法論史』の項目が並んでいる。このように、それぞれ執筆者の違う肌理細かな考察が見られるのも、大辞典の強みだろう

日本人の教養の基礎固めを担う国語教育とは別に、言語教育の一つとして、実用としての日本語の運用能力を身につける、外国人のための日本語教育という分野がある。外国人留学生の増加とともに一九五〇年代の後半から盛んになり、七一年には文化庁から『**外国人のための基本語用例辞典**』が出版された。手許にあるのはなぜか非売品だが、日本語を五〇〇時間程度学習した外国人学生を対象に、木村宗男・鈴木忍・水谷修ら一〇名ほどの編集委員会が、必要度の高い約二五〇〇語の基本語を選定し、平易なことばで各語の意味を説明し、豊富な用例をとおしてその用法を理解させることをめざして、林大・森田良行らを含む二八名が執筆した五十音順の辞典である。

例えば、「あこがれる」という動詞には、「そうなりたい、そうしたいとねがう気持ちが強くて、

心をそのほうに引かれる」という語義解説のもとに、「都会にあこがれる」といった用例が並んでいる。「森」という名詞は、「大きな木がたくさんしげっている所」という解説に続き、「森のおくふかくに、美しいみずうみがありました」といった例があり、「はやし」より規模の大きいものを言うという補足的説明も添えてある。むしろ日本語教師にとって重宝な例文集と言えるかもしれない。ひいては一般の人が平易な文章を書こうとする際のヒントともなりそうだ。

それ専門の学会も誕生し、八二年にはその社団法人日本語教育学会編として『**日本語教育事典**』（大修館書店）が刊行された。Ａ４判で八〇〇ページを超える大冊で、刊行委員長の林大ほか、日本語教育を中心に国語学や言語学を含む一三〇名ほどの執筆陣を動員しての大事業であったようだ。全体は〔音声・音韻〕（アクセントなど）、〔文法・表現〕（伝聞の表現など）、〔語彙・意味〕（語彙調査など）、〔文字・表記〕（熟字訓など）、〔言語技能〕（四技能など）、〔機関と人〕（東京日本語学校、国際学友会、国際交流基金、海外技術者研修協会、松宮弥平、長沼直兄（なおえ）など）という構成になっている。

7 日本語を深く

文章の基礎となる日本語そのものに対する知識を増やすために、国語学に関する総合的な辞典や研究事典と、その発展した姿としての日本語学全般の知識を結集した専門の辞典や事典、それに、それらを一般向けに編集した日本語百科を紹介し、文章表現への応用を考える。

学校文法の基礎となっているいわゆる橋本文法の祖、橋本進吉を初代会長として、全国的な国語学会が発足し、その創立一〇周年を記念して、時の代表理事時枝誠記（ときえだもとき）が編集委員長となって一九五五年に『国語学辞典』が東京堂から刊行された。その後、学会創立三〇周年を期して、一九八〇年に、当時の代表理事岩淵悦太郎を委員長として、より大規模な新版が完成し、やはり東京堂出版から刊行された。ここでは、その**『国語学大辞典』**の概要を紹介しよう。

A４判で一三〇〇ページに近く、膨大な情報が付録以外はすべて五十音順に並んでいるから、一〇ページを超える「日本の方言」といった特大の項目や、五ページ半に及ぶ「明治時代の国語」といった大きな項目もあるが、一ページ四段組みの一段の半分程度の小さな項目も多く、詳細な参考書というよりも、引いて個々の知識を確認し、補強するのに適した文献である。ただし、五十音順だから「文章」という項目の次に、時枝誠記の著書『文章研究序説』や波多野完治の著書『文章心理学』という項目が続き、さらに「文章論」という項目に流れるし、「文体」という項目の次も「文体改良」「文体史」と続き、さらに森重敏の著書『文体の論理』や小林英夫の著書『文体論の建設』が立項されている。ほかにも約五ページの「文字」という項目の次に「文字史」「文字論」という項目が続く。このように関連項目が連続する場合は、文章・文体・文字に関するある程度まとまった学識が得られる構造となっている。

「アイヌ語」「アクセント」「宛て字」などに続いて、富士谷成章（なりあきら）の文法書『あゆひ抄』や、音韻論の礎を築いた「有坂秀世」という人名が現れたり、「句読点」の次に伴蒿蹊（ばんこうけい）の『国文世々（くにつふみよよ）の跡』という江戸時代の文章作法書が続き、さらに「くり返し」が来て、ドイツ言語学の始祖とされる「グリム」が続き、その次に「廓（くるわ）ことば」の項目が続き、江戸時代の国学者「黒川春村」と続いたりするから、やはり読む辞典というより、引いて調べる辞典という性格が強い。それでも、分野別に整理した詳細な目次が冒頭にあり、それを利用して体系的な知識をたどることもできるだろう。

編集委員の林大・築島裕らのほか、泉井久之助・遠藤嘉基・大野晋・亀井孝・金田一春彦・佐伯梅友・佐藤喜代治・柴田武・時枝誠記・波多野完治・服部四郎・村山七郎ら豪華な顔ぶれがそろい、総勢二八一名の言語学・国語学の重鎮である専門学者が項目執筆を担当しているだけに権威があり、解説の信頼度が高い。外国語というものが意識される時代の風潮もあってか、国文学が日本文学と名を変え、国語学も次第に日本語学へと移行して、研究対象にも微妙な変質が生じてきている。そういう趨勢を受けて、この『国語学大辞典』も近くきっと『日本語学大辞典』と装いを改め、時代に即応した内容を備えた新版へと生まれ変わることだろう。

やはり一〇〇〇ページを超える同種の辞典としてもう一つ、**『国語学研究事典』**（明治書院）を取り上げておこう。佐藤喜代治編で、編集委員に加藤正信・飛田良文・前田富祺（とみよし）らの並ぶとおり、東北大学系統の学者が中心となって編集した学術事典で、編者を含め、北原保雄・辻村敏樹・林巨樹・林四郎ら一三一名の分担執筆による。これは前書と逆に、大きく一「理論・一般」、二「国語史」、三「現代語・方言」の三部構成となっており、それに資料編が付いている。

こちらのほうはその旧版より三〇〇ページも増えてさらに大きくなり、すでに二〇〇七年に**『日本語学研究事典』**という名で出ているから、ここではその新版にしたがって内容を紹介しよう。代表編者の没後で飛田主幹という形となったが、編集委員会は同じ顔ぶれで残った。しかし、執筆陣は単なる世代交代にとどまらず、旧版の二倍以上に増えて実に三〇〇名近くに達している。それでも、書名との整合性から「国語史」が「日本語史」と改称された以外、大きな部立てはそのまま維持され、旧版とほぼ同様になっている。

第一部は、1言語（言語過程説など）、2日本語学（日本語の系統など）、3日本語学研究史（本居宣長、大槻文彦など）、4日本語教育学（異文化接触論など）、5関係外国語（アイヌ語、トルコ語など）、6音韻（連濁など）、7文字（国字など）、8意味・語彙（基本語彙など）、9文法（モダリティなど）、10文章・文体（修辞など）、11敬語（待遇表現など）、12言語生活（談話の構成など）、13辞書・索引（シソーラス、コーパスなど）、14関連科学・応用部門（文化人類学など）。

第二部は、1日本語史（上代語など）、2音韻史（母音交替、四つ仮名など）、3文字史（万葉仮名、定家仮名遣いなど）、4語彙史（訓点語、女房ことばなど）、5文法史・敬語史（てにをは、係り結びなど）、6文章史・文体史（和漢混淆文など）、7方言史・言語生活史（京阪語、江戸語など）。

第三部は、1現代語（ことばのゆれなど）、2標準語・共通語（共通語化、東京語、公用語など）、3方言（方言区画論、言語地図の作成など）、4各地の方言（東北地方の方言、沖縄県の方言など）。

ほかに資料編として、「仏足石歌」「金石文」『倭名類聚抄』「訓点資料」「声明」『文鏡秘府論』『更級日記』『御堂関白記』「往来物」「古本節用集」「六百番歌合」『風姿花伝』『とりかへばや物語』『明月記』『庭訓往来』『日葡辞書』『物類称呼』『浜荻』、本居宣長の『詞の玉緒』、「消息文例」「芭蕉七部集」「浮世草子」『北越雪譜』『解体新書』『大言海』『我楽多文庫』など、時代別、ジャンル別に多くの項目を立て、成立・刊行や諸本などについて解説してあり、概要を知るには便利である。

以上のような内容をコンパクトにまとめ、専門の学生や日本語教師などが携帯利用しやすくした小型辞典に、杉本つとむ・岩淵匡編『**日本語学辞典**』（桜楓社）がある。〔事項〕〔書名〕〔人名〕の三部構成で、それぞれ五十音順に排列してある。全部で約一九〇〇項目に及び、編者を含む六名の早稲田大学系統の研究者が執筆している。

〔事項〕の部には、「アクセントの滝」「コプラ」「現象文」「語基」など、〔書名〕の部には、富士谷成章の『かざし抄』、初の全国方言辞典に相当する越谷吾山の『物類称呼』、最初の本格的和英辞典であるヘボンの『和英語林集成』など、また、〔人名〕の部には、「荻生徂徠」「チェンバレン」「三矢重松」「山田孝雄」などの項目が収録されている。

さらに初学者向きに編集し、わかりやすく解説したものに、野村雅昭・小池清治編の『**日本語事典**』（東京堂出版）がある。あくまで一般の読者を想定した関係で、「異字同訓」「位相語」「訓点資料」「形態素」「識字率」「等語線」「比較言語学」「方言周圏論」あるいは「契沖」や「松下大三郎」などの基本的な事項を厳選して三〇〇項目ほどにしぼってある。原則としてすべての項目を二名の編者自身が解説しているという特徴がある。

硬軟、難易の違いはあっても、以上はすべて日本語学全体を視野に収めた辞典類であるが、日常生活で迷うような日本語に関する具体的な疑問を項目として取り上げた実用的な辞典として、『**岩波　日本語使い方考え方辞典**』を紹介しておこう。北原保雄監修とあり、「当て字」「音便」

7
日本語を深く

「慣用音」「句読点」「差別語」「字体・書体・字形」「人名用漢字」「対義語」「鼻濁音」「筆順」「変体仮名」「湯桶読み」「連濁」など百数十項目を筑波大学系の大学教員等七名が分担して執筆したものである。

広く社会人の間で日本語への関心が高まり、日本語を学ぶ外国人の数が次第に増し、機械処理も飛躍的に進歩しつつあるという情勢の変化に対応して、大型ながら必ずしも専門家向けではない**『日本語百科大事典』**（大修館書店）が誕生した。編集責任者の名は金田一春彦・林大・柴田武の三名が代表格で、ほかに築島裕・辻村敏樹ら計二二名が各章を担当、ほかに秋永一枝、大久保忠利、見坊豪紀（ひでとし）、阪倉篤義、佐藤喜代治、外山滋比古、渡部昇一ら百数十名が執筆に参加するという日本語関係の学者総動員という趣を呈している。

全二二章の本文は、大きく七つに分かれ、その第一部〔日本語と日本人〕は、一般向けらしくやわらかく「日本語とは」（日本語の系統、日本人の母語意識など）で始まり、「日本語の歴史」（日本語史の時代区分など）に至る。

第二部〔ことばの構造〕は、「文法」（陳述論争、学校文法など）、「音韻・音声」（日本語の音韻、発声のしくみなど）、「文字と表記」（表記行動と規則など）から成る。

第三部〔ことばの意味と成立ち〕は、「語と意味」（語のイメージ、意味の変化など）、「語史と語源」（民衆語源の意義など）、「命名と造語」（新語・流行語など）で構成されている。

第四部〔ことばの諸相〕は、「現代語の多様性」（若者語、不快語など）、「敬語」（敬語と待遇表現など）から成る。

第五部〔言語行動〕は、「言語生活」（話しことばと書きことばなど）、「生活のことば」（衣食住のことばなど）、「表現と文体」（国語文体史など）、「マスコミとことば」（新聞の見出しなど）、「文芸とことば遊び」（文芸の様式など）によって構成される。

第六部〔ことばの接触〕は、「方言と共通語」（方言に対するイメージなど）、「日本語と外国語」（漢文訓読が日本語に与えた影響など）、「日本語の国際化」（日本語教育の課題など）で成る。

最後の第七部〔ことばの管理と処理〕は、「辞書」（辞書の歴史など）、「ことばの機械処理」（自然言語処理など）、「言語政策と言語教育」（国語問題と国語政策など）という構成になっている。

見本として解説の具体例を紹介しよう。「比喩表現」という項目では、比喩表現であると認定する際のむずかしさに曖昧性と中間性という二種類があること、「入道雲」のような語源的比喩から「性格破産者」のような準慣用的用法まで、語義との関係にさまざまなレベルがあること、意味の抽象化のレベルと比喩性の度合いには「らちがあかない」から「愛嬌のある顔が立つ」（武田麟太郎『日本三文オペラ』）まで一一段階あることを論じている。また、「辞書の評価」という項目では、辞書を評価するには、めざす項目が収録されている、説明が的確、必要情報が盛り込まれている、早く引ける工夫がなされているなど六つの基準を提案している。

8 文法のしくみ

日本語学の知識のうち文法に特化して編集した文法分野の辞典や事典、それを一般向けに平易な解説を試みた普及版の小事典、それに、日本語教育畑で教師用に編集した日本語の文型および例文集などを取り上げ、文章を書くための参考の仕方について考えよう。

日本語学の諸分野の中でも、文法関係の辞典類はいろいろ出版されている。その中でも比較的早い時期に出た大きな辞典として、まず松村明編『日本文法大辞典』（明治書院）を取り上げよう。文法論に関する主要な学説を整理し、その術語の概念規定を明確にするのに四百数十項目、さらに文法上重要な働きをする助詞・助動詞や動詞や形容詞を個々に取り上げて論じるのに約二〇〇〇項目を立項しており、膨大な情報量を扱っている。「文法」と一くくりにされているが、その中での専門分野の違いなどによって執筆分担を定め、市川孝・辻村敏樹・林巨樹・水谷静夫・宮地裕（ゆたか）ら三〇名が執筆した成果をまとめた大部な一冊である。

全体が五十音順に排列されているため、実際にはばらばらに出てくるが、収録されている術語項目は、〔言語一般〕（入子型構造など）、〔文法総記〕（一般文法、生成文法など）、〔言語単位〕（連語、語根など）、〔品詞分類〕（品詞の転成など）、〔体言〕（時の名詞など）、〔用言〕（補助用言など）、〔活用〕（弱変化、中止法など）、〔副用言〕（副体詞など）、〔付属語〕（複語尾、準体助詞など）、〔文〕（重文、総主語など）、〔文法範疇〕（ムード、ヴォイスなど）、〔敬語〕（尊大語など）、〔文章〕（書簡文、写生文など）、〔修辞〕（対句、序詞など）、〔表記〕（五十音図、上代特殊かなづかいなど）、〔語彙〕（類義語、混淆など）という構成になっている。

解説は、例えば「再帰動詞」には、「他動詞の中で目的語を伴わずに、自動詞的に用いられるもの」という定義に続き、「門を開く」に対する「門が開く」という例を示す。また、「文素」には「佐伯梅友の用語」とし、「橋本文法の文節に相当するもの」と学説間の異同や関係について言及するにとどまる項目も散見する。

また、語彙項目の例を示すと、まず古語では、動詞の「おぼ（覚）ゆ」「かんが（考）ふ」「まを（申）す」など、形容詞の「け（怪）し」「なめ（無礼）し」など、助動詞の「けり」「べし」など、助詞の「かも」「ばや」などが立項されている。一方、現代語では、助動詞の「まい」「ようだ」など、助詞の「とか」「もんか」などで、他の品詞は取り上げられていない。例えば、最初の項目である古語の「あいだ（間）」には、「接続助詞的に用いられる」とし、動詞「そうろう（候）」の連体形に接続するとあって、「病気のため欠席致し候間、お届け申し上げ候」という例文が添えられる。もう一つ、動詞の「ごんす」を見ると、「ござんす」がさらに略された語と、その語形の由来を示し、江戸時代の前期に遊里のことばだったのが、その後、姫君や船頭など一般の使用が現れ、後期には一般庶民の男子にまで広まったと、その語の使用範囲の変遷にふれている。

その十年後には、それより若干小ぶりの『日本文法事典』（有精堂出版）が出ている。こちらは「事典」と銘打つように、全体が五十音順でなく、次のような分野別の構成になっている。第一章〔言語・日本語〕（言語観など）、第二章〔文法総記〕（職能など）、第三章〔文法範疇〕（時制、話法など）、第四章〔品詞〕（付属語など）、第五章〔自立語〕（指示詞など）、第六章〔付属語〕（ク語法など）、第七章〔文〕（文型など）、第八章〔敬語〕（丁寧語など）、第九章〔文章〕（文章の構造など）、第十章〔修辞法〕（掛詞（かけことば）など）、第十一章〔音韻〕（アクセントなど）、第十二章〔文字・表記〕（句読法など）、第十三章〔語彙〕（慣用句など）、第十四章〔国語科教育〕（表現指導など）。

凡例に「日本語の文法に関する諸事項及びその関連諸事項を、一一五項目にわたって解説したもの」とあるが、「関連諸事項」が半分を占めており、実質的に文法中心の日本語学という趣を呈している。執筆者は奥津敬一郎・北原保雄・前田富祺ら二七名である。内容は、引く辞典というより、読む日本語学概説に近い。

中学・高校で文法を体系的に学ぶ機会のない昨今、従来の辞典は「簡潔にわかりやすく」どころか専門的・高踏的にすぎるため、誰にでも納得できる文法辞典をめざして編集されたのが『**日本語文法がわかる事典**』（東京堂出版）で、林巨樹を中心に共編者の池上秋彦・安藤千鶴子、ほか六名の国語学者が執筆している。「辞典」でなく「事典」とあるが、すべて五十音順に排列してあり、国語や日本語を教える立場の人はもちろん、関心のある一般の人びとが引いて調べる本として便利である。

五十音順に「けぐげん」と引いてみると、「希求言」という漢字が出てきて、現行の「命令形」に相当するという説明のほか、東条義門が「和語説略図」で用いた語であり、その前の「友鏡」では「使令」としていたという背景に説き及ぶなど、一般向けとはいえ、かなり学術的な情報も盛り込まれている。また、「表町に田中屋の正太郎とて歳は我に三つ劣れど」という樋口一葉『たけくらべ』の例、「約束どおり、いま、帰って来た」という太宰治『走れメロス』の例、「青いくるみも吹きとばせ」という宮沢賢治『風の又三郎』の例だの、古典の例に交じって近代文学の実例が出てくる点も、親しみが持てるだろう。

もう一つ、日本語を学ぶ外国人や、その指導にあたる日本語教師を対象にしたユニークな辞典を紹介しておこう。『**日本語文型辞典**』（くろしお出版）がそれで、本の帯の背の部分に「辞書で引けないコトバの辞典」とある。なるほど、文型となれば一つの単語ではないから、従来の辞書でそのまま引くわけにはいかない。

8
文法のしくみ

日本語を母語として生まれ育った多くの日本人にとっては、たいていの文型はわかっており、わざわざ引くまでもなかったのだろう。ところが、日本語を外国人に教える人間にとっては事情が違ってくる。それまで当たり前のこととして、考えてみたこともない事柄を、当たり前だと思わない人間に理屈でわかるように説明するのは生易しいことではない。

例えば、「昔むかし、あるところに、おじいさんとおばあさんが…」と始まり、「おじいさんは…、おばあさんは…」と続く昔話「桃太郎」の語り出しで、助詞の「が」と「は」を逆に使えない理由を、もしも突然尋ねられたら誰だってとまどうだろう。と同様、同じ「ある」でも、「東京に皇居がある」は自然で、「東京にオリンピックがある」は不自然だとする根拠も、相手に論理的に説明するのは容易ではない。

外国人に対する日本語教育に携る若手の大学教員のグループ（代表砂川有里子）の共同作業で、中級・上級の日本語教科書に出てくる文型を中心に、新たに新聞・雑誌・小説・シナリオなどから収集した、日本語能力試験の1級・2級レベルに相当する難易度の文型を加えた計三〇〇〇項目の表現を収録し、その構造や使用場面、それに類義表現との使い分けなどを例文とともに解説している。

例えば、通常の国語辞典には現れない「どころ」という項目が立っている。1として「…どころか」という用法を立て、名詞を承ける例（独身どころか子供が三人もいる）、形容動詞を承ける例

（静かなどころかすごいおしゃべりだ）、形容詞を承ける例（涼しいどころか連日暑さが続く）、動詞を承ける例（風雨は弱まるどころか激しくなる一方だ）を並べ、2として「…どころか…ない」という用法を立て、間に「さえ（も）」の入る例（英語どころか日本語さえ満足にできない）、間に「も」の入る例（話をするどころか姿も見せない）、間に「だって」の入る例（一万円どころか一円だって貸してやらない）を並べ、次に3として「…どころではない」という用法を立て、名詞を承ける例（こう天気が悪くては海水浴どころではない）、「動詞＋ている」を承ける例（仕事が残っていて、酒を飲んでいるどころではない）を並べ、さらに4として名詞に「どころのはなしではない」と続く用法を立て、「受験生を二人もかかえ、海外旅行どころのはなしではない」といった例を示し、同じく名詞に「どころのさわぎではない」と続く場合（原子力発電所の事故発生でバカンスどころのさわぎではない）もその類例であることを付加している。

このような調子で、「形容詞＋うちにははいらない」（廊下に立たせるぐらいなら、特にきびしいうちには入らない）、「名詞＋か＋疑問詞＋か」（内田さんか誰か、北欧かどこか）、「動詞＋たがさいご」（見つかったが最後、停学は免れない）、「…くらいの…しか…ない」（今忙しいので、お茶を飲むくらいの時間しかない）、「動詞＋ずにおく」（言わずにおく）、「動詞＋そばから」（聞いたそばから忘れてしまう）、「動詞＋ていはしまいか」（子供が泣いていはしまいかと心配だ）、「名詞＋ときたひには」（うちの女房ときたひには、暇さえあれば居眠りしている）、「なにかにつけて」（なにかにつけて相談にのってもらっている)、「名詞＋ともなると」(三月ともなると暖かく感じられる)、「…も…ば…も」(酒も飲めばたばこも吸う)、「まんざら…でもない」(まんざら知らないわけでもない)、「もさることながら」(デザインもさることながら、色使いがすばらしい)、「名詞＋をよそに」(親の心配をよそに毎晩遅くまで遊んでいる)、「をとわず」(昼夜を問わず作業を続けた)などの文型が示されている。

日本語を学ぶ外国人や、彼らに日本語を教える日本人にとって、細かな約束事を具体例で示したユニークで心強い辞典であるが、こなれた日本語表現をめざす日本人にとっても、これらの慣用的な言いまわしに習熟することは、表現力の向上につながるだろう。

昔、ネウストゥプニー教授の流暢な日本語に呆れたことがあるが、いくら達者な日本語でも外国人が、例えば、「…にあるまじき」「いまさら…たところで」「…が…なら…も…だ」「…もさることながら」「…じゃあるまいし」「…ずにはおかない」「せめて…なりと」「…たると…たるとをとわず」「…てばかりもいられない」「…とばかりはいえない」「なにも…わけではない」「…にたえない」「…ぬきに…れない」「…はいざしらず」「ひとり…のみならず」「…にほかならない」「まんざら…でもない」「みだりに…ない」「…むきもある」「…ようが…まいが」「…ぐらいならむしろ」「…をかぎりに」といった言いまわしを使ったら、オッと穴のあくほど顔を見るだろう。それだけこなれた日本語だからだ。逆に、日本人ならこの程度の表現に習熟しておきたい。そのための参考書としても役に立ちそうだ。

9 語の慣用結合

小規模な文型とも見られる、語と語との慣用的なパターン、時にコロケーションとも呼ばれる現象に注目し、その慣用結合を取り上げた諸種の試みや、連想辞典・逆引き辞典などを紹介し、日本語らしいこなれた文章を書くための利用法などを提案したい。

「立つ鳥跡を濁さず」という諺は、「飛ぶ鳥」と言い換えても意味は同じだし、事実、そういう言い方もあるらしいが、やはり「立つ鳥」のほうがしっくりと来て落ち着く。また、「溜飲が下がる」という慣用句も、「下りる」と言っても意味は変わらないが、「下がる」のほうがよくなじむ感じがする。意味とは別に、ことばどうしの相性のようなものがあり、よくなじむ組み合わせで使うとすっきりし、日本語としてこなれた感じになる。

文型というほど大仰ではないが、このような語と語との慣用的な組み合わせに配慮して、よくこなれた自然な表現をめざして編集されたものに、中村明編『**文章プロのための　日本語表現活用辞典**』（明治書院）というユニークな試みがある。約二八〇〇〇項目を収録し、編者自身のほか、遠藤織枝・金田一秀穂・小宮千鶴子ら八名が各項目の執筆を担当している。編集部が角書き風に「文章プロのための」という偉そうなことばを冠したのは、自然でこなれた日本語表現をつねに期待される「物書き」にヒントを与えるという自負があったせいだろう。

単語項目とは別に、個々の漢字を見出しにした単字項目も二〇〇〇ほど用意されている。例えば、「感」の項目には、まずその字を上の要素として持つ漢語の例として「感化・感慨・感覚・感激」から「感動・感服・感銘」まで二一例、次に下の要素となる「哀感・違和感・音感・快感」から「臨場感・霊感・劣等感」まで三九例、それぞれ五十音順に並び、その漢字を用いた使用頻度の高い語例を計六〇列挙してある。

もう一つ、「生」という漢字の項目を紹介しよう。まずは「セイ」と音読みする例では、「生家・生活・生還」から「生没年・生命・生来・生理」までの三五例と、「衛生・回生・学生」から「野生・優生学・余生」までの二八例、同じ音読みでも「ショウ」と読む「生姜・生涯」から「生薬・生類」までの六例と「一生・往生」から「畜生・養生」までの一〇例、「いきる」と訓読みする「生き生き・生き写し」から「生き物・生き霊・生き別れ」までの二一例と「長生き」、「いかす」という訓読みの「生かす」、「いける」という訓読みの「生け魚・生け垣」から「生け花」までの七例、「うまれる」という訓読みの「生まれ・生まれ落ちる」から「生まれながら・生まれもつかぬ」までの一一例、「うむ」という訓読みの「生み・生み落とす・生み出す・生みつける」という四例、「おう」という訓読みの「生い先・生い茂る・生い立ち」の三例、「はえる」という訓読みの「生え替わる・生え際・生え抜き」と「芽生え」「芽生える」という五例、「はやす」という訓読み、「き」という訓読みの「生一本・生糸・生地」など六例、「なま」という訓読みの「生意気・生乾き・生卵・生ぬるい・生身」など三四例、それに「ふ」と訓読みする「芝生」まで、驚くほどの語例が並んでいる。

通常の国語辞典では、「いたずら」と引くと「悪戯」、「いびき」と引くと「鼾」、「いわゆる」と引くと「所謂」、「おこぜ」と引くと「虎魚」、「かたつむり」は「蝸牛」、「こんな」は「斯んな」、「さなぎ」は「蛹」、「サボテン」は「仙人掌」、「しかしながら」は「然し乍ら」、「すかんぴん」は「素寒貧」、「すさまじい」は「凄まじい」、「たまに」は「偶に」、「とさか」は「鶏冠」、「とっくに」は「疾っくに」、「なじる」は「詰る」、「なだめすかす」は「宥め賺す」、「なつめ」は「棗」、「のっぴきならない」は「退っ引きならない」、「はんこ」は「判子」、「ひたすら」は「只管」、「ぶち」は「斑」、「まだら」も「斑」、「まめに」は「忠実に」、「みだりに」は「濫りに」、「もし」は「若し」、「やけくそ」は「自棄糞」、「よしんば」は「縦しんば」、「わざと」は「態と」、「わだかまり」は「蟠り」と出てくる。どう考えてもこれは現代社会における標準表記ではない。ふつうここを漢字で書くという意味ではなく、できるだけ漢字を使って書けばこうなるという知識を授けているにすぎない。

9
語の慣用結合

自然でこなれた日本語をめざす立場から、現代人は一般にどう書く傾向があるのかを示す必要があると考え、この辞典では一般的と考えられるものから順に複数の表記を並べている。ちなみに、右に列挙した語の表記はすべて仮名書きを第一順位に置いた例である。漢字表記が複数ある場合も多く、例えば、「いばら」の項目では「いばら／茨／荊／棘」、「こんとん」は「渾沌／混沌」、「しあわせ」は「幸せ／仕合わせ／しあわせ／仕合せ／仕あわせ」、「したく」は「支度／仕度」、「すごろく」は「すごろく／双六／雙六／双陸」、「てもと」は「手もと／手元／手許」、「のんき」は「のんき／呑気／暢気」、「はた」は「端／はた／側／傍」、「ひとびと」は「人びと／人々」、「ほうふつ」は「髣髴／彷彿」、「まけいくさ」は「負け戦／負け軍」という見出しになっていて、現代における使用傾向がわかる。

また、同じ語でも用法の違いによって表記の傾向に差があると認めた場合は、用法ごとに別項目として扱っている。例えば、「みち」という語の場合、道路を意味する場合は「道／路」、小道という意味合いの場合は「道／径」、「そのみちの大家」のように方面を意味する場合や、「みちを踏み外す」のように道徳面の意味合いの場合は、ともに「道」のみで、「学校へかよったみち」「後進にみちを譲る」「使いみちに困る」「どのみちそこへたどりつく」のように経路や方法を意味する用法では「道／途」というふうに、用法による傾向の違いをきめ細かく指示してあり、用字選択の判断に具体的なヒントを提供する。

が、この本の最大の特徴は、単語項目の用例の示し方にあるだろう。ふつう国語辞典では、意味分類ごとに用例はあっても一つぐらいだが、ここではその語がよく使われる言いまわしを列挙してある。例えば、「感懐」の項では、「感懐を＝述べる・持つ・禁じ得ない」とあり、「感慨」の項では「感慨無量」のほか、「感慨を＝持つ・抱く・催す」、「感慨に＝ひたる・ふける」、「感慨もまたひとしお」とあり、その語を取り巻くことばとのコロケーションがわかる。

「恐怖」の項には「恐怖＝心・政治・相場」「高所恐怖症」「恐怖に＝おののく・駆られる」「恐怖を＝感じる・覚える・与える」「恐怖が募る」とあり、「行動」の項には、「行動＝力・半径・的」「集団・単独・自由・直接・別＝行動」「行動を＝とる・起こす・開始する・控える」「行動に＝移す・走る」、「時季」の項には「時季外れ」、「時期」の項には、「時期尚早」「時期が＝早い・悪い」「忙しい・田植えの・入試の＝時期を迎える」、「時機」の項には「時機到来」「時機を＝見る・うかがう・とらえる・失する・失う・逃す」とある。

また、「とらえる／捉える」の項には、「心・核心・要点・意味・機会・実態・特徴＝をとらえる」「しっかり（と）とらえる」「とらえて放さない」「肉眼・カメラで＝映像・姿をとらえる」とあり、同じ「とらえる」でも「捕らえる／捕える」の項では、「犯人・すり・正体・言葉尻を＝捕らえる」というふうに、用法の微妙な差を、用例をとおして感じとらせる工夫をこらしている。けっこう紛らわしい「のばす」の場合も同様だ。「伸ばす」の項には「引き伸ばす」のほか、

「ゴム・皺（しわ）・勢力・背筋・髪・才能・力・羽を＝伸ばす」とあり、「延ばす」の項では「食い延ばす」のほか、「線路・時間・生命・返事・決定・開会・ホーム・足・白粉・溶液を＝延ばす」という用例をとおして、使い分けのヒントを与える。

もう一つ、意味用法の微妙な違いを用字との関連で説明する例として、「ゆく」の場合を紹介しよう。「奈良・学校に＝」、「遠く・向こうへ＝」、「海路・東海道を＝」、「船・車・電車で＝」、「人・知らせ・電話が＝」の後に続くのは「行く／往く」。「ユく春」「ユく秋」「ユく年来る年」の場合は「行／逝」。出征する意味で「戦争・兵隊に＝」と来れば「行く／征く」。逝去の意で「巨匠ユく」という用法では「逝く」。「納得・合点・満足が＝」のあとに続く場合や、「はかが・うまく・この手で＝」の次には「ゆく／行く」。「年端（としは）も」と来れば「ゆく」と仮名書き。「夜は次第に更けて＝」や「雰囲気が盛り上がって＝」などに続く場合も「ゆく」と仮名書きするのが自然。このような場合でさえ近年は「いく」と発音し、そのとおり書く例が増えてきたが、古風な用法や詩的な表現の中では今でも「ゆく」のほうがふさわしいという感じが残っている。そんなこだわりを示す、まことに「不思議／ふしぎ」な辞典である。

コロケーションといえば、ずばり『**知っておきたい　日本語コロケーション辞典**』（学習研究社）と銘打つ本も出ている。学研辞典編集部が作成し、金田一秀穂監修とある。「哀感を」とくれば「帯びる」「込める」「そそる」「催す」、「足並み」とくれば「を揃える」や「が乱れる」、

「誇りを」とくれば「持つ」や「傷付ける」、「骨身に」とくれば「応える」や「染みる」、「幕が」とくれば「上がる」や「開く」や「下りる」、「眉を」とくれば「顰める」や「開く」や「読む」などが慣用的に使われる。この本は文章を書く人が日本語らしい表現に習熟する手助けとなる。

珍しい辞典をもう少し紹介しよう。小内一『逆引き頭引き　日本語辞典』（講談社）で、一〇〇〇ページ近くもある文庫版のための書き下ろしだという。本の校正をやりながら日本語としてこなれた表現というものが気になり、現代作家の作品から用例を大量に集めた成果を形にした本らしい。全巻すべて、文中のコロケーションの中心たる名詞と動詞との組み合わせを問題にした一冊で、いずれも〔名詞＋を＋動詞〕という形で呼応する例を、名詞と動詞の双方から引けるように五十音順に排列してある。

例えば、「大穴」という名詞を引くと、「当てる」という動詞が出てきて、「競輪で大穴を当てる」という井上ひさし『幻術師の妻』中の実例が添えてあり、「久闊」と引くと「叙する・詫びる」という動詞が並び、「懐かしげに久闊を叙した」という中島敦『山月記』中の実例が添えてある。「思案」という名詞には「重ねる・凝らす・練る・めぐらす」が、「疎通」には「欠く・図る」、「夏休み」には「過ごす・返上する・持て余す」、「場」には「荒らす・収める・借りる・切り換える・探す・救う・立ち去る・繕う・逃げ出す・にらむ・抜ける・逃れる・外す・離れる・

9
語の慣用結合

踏む・放(ほう)り出す・守り抜く」のようにずらりと並んでいるし、「波紋」には「描く・広げる・呼ぶ」、「命運」には「決する・共にする」、「論議」には「重ねる・交わす・たたかわせる・尽くす」、「論陣」となれば「張る」という動詞が記載されており、それぞれの名詞の慣用的な使い方にヒントを与える。ぱらぱらページをめくっていると、「酒」という名詞に「あおる・空ける・浴びる・聞こし召す・酌み交わす・食らう・たかる・たしなむ・つぐ・飲み干す・引っかける・振る舞う・よばれる」といった動詞が並んでいて、とたんに生唾を飲み込むかと思うと、「飲み代(しろ)」に「浮かす・せびる」という動詞が出てきて、思わずにやりとしたりする。一方、「吠(ほ)え面(づら)」は「かく」だけ、「有終の美」は「飾る」だけ、「緑青(ろくしょう)」も「ふき出す」だけ、「論陣」も「張る」だけなのに妙に納得する。

逆に、動詞から、それと相性のよい名詞を引くこともできる。「裏切る」という動詞を引くと、「愛国心・イメージ・教え・夫・親分・会社・期待・国・好意・婚約者・信頼・想像・組織・同志・読者・仲間・約束・友情・友人・予想」といった多くの名詞が列挙されている。同様に、「賭ける」には「一生・一身・命・運命・金・首・社運・人生・青春・優勝」、「探りかねる」には「意図・腹」、「打開する」には「危機・現実・状態」、「踏襲する」は「形式・スタイル・政策」、「なめす」は「毛皮」、「弾ませる」は「息・会話・肩・気分・声」のほか「期待に胸」というのもある。「ぴりぴりさせる」には「筋肉・神経・眉」、「まぶす」には「餡(あん)・鰹節(かつ(お)ぶし)・胡麻(ごま)・小麦粉・砂糖・塩」などとある。つまり、慣用的な言いまわしを探したり、確認したりする場合に、「二七万文例」と謳(うた)うこの辞典は文庫本ながら心強い。

同じ著者に『てにをは辞典』『てにをは連想表現辞典』(ともに三省堂)という姉妹編にあたる辞典もある。前者はまさにコロケーションの宝庫であり、例えば、「教え」の項目では、「—を」として「仰ぐ・生かす・裏切る・軽んじる・請う・垂れる・説く・広める・守る」など二六例、「—に」として「あずかる・帰依する・背く・のっとる・反する・従う」など一二例も並んでいる。また、「立ちはだかる」の項目では、「岩・壁・障害・難敵が」など一一例、「入口・正面・前方・行く手に」など八例が列挙してある。後者は、単語の結びつきを示すそれらの例に作例や作家の文例を添えた辞典で、例えば「甘酸っぱい」という項目には「笑いを胸に溜める」という円地文子の例、「心中」の項には、「娘を心中の道連れにする」という宮部みゆきの例、また、「恨めしい」の項には「大切な友達をむざむざ他人の手へ渡した自分の弱気と腑甲斐なさとが恨めしい」という谷崎潤一郎の例、「透き通る」の項には「野鳥がすきとおるような声で鳴く」という村上春樹の例、「しゃがれ声」の項には「唐辛子を舐(な)めすぎたときのような嗄(しゃが)れ声を張り上げる」という井上ひさしの例、「調整」の項には「気分に応じて優しさの量を調整」といった三浦しをんの例が載っていて楽しい。

10 大型国語辞典

国語項目を執筆する際の苦労話や、辞書編纂の姿勢について自らの体験を語ったあと、日本語に関する最大の辞書である『日本国語大辞典』を紹介し、中辞典や小辞典との収録項目の違いを具体的に実感させ、それぞれの辞典の特色と使い分けのポイントを示そう。

青土社の雑誌『ユリイカ』で「辞書の世界」という特集を組んだ折に、地引網をひっかけた「字引編みの釣果（ちょうか）」というふざけた題のエッセイを寄せ、自分と辞書との因縁について振り返ってみた。出羽庄内の鶴岡市に生まれ育ったため、おのずと言文不一致の不自由な生活を強いられ、全国共通語に十分な自信を持てないままに成人した。東京に住むようになってからも、うっかり「炬燵（こたつ）をかける」と言いそうになっては、適切な動詞が思いつかず、やむなく「セットする」などと奇妙な日本語を操ったこともある。

発音の面では、「息」のイが中舌になったり、「駅」のエが狭い母音になったりする方言音は、子供のころから無意識のうちに避けていたような気がするが、アクセントについてはなかなか自信が持てず、尾高と思っていた「団扇（うちわ）」がNHKの『発音アクセント辞典』を見ると中高だったりする。癪（しゃく）なので上京の際にはその辞典を丸暗記して花のお江戸に乗り込んだのだから、自分でも呆れる。そんないささか病的な体験を、NHKラジオの「日曜喫茶室」という長い番組で、安野光雅画伯や林望先生の前でしゃべった記憶がある。

　そんな番組を聴いたはずのない詩人・小説家の三木卓氏が、『図書新聞』の特集「中村明の仕事」などという面映（おもはゆ）い企画で、城下町から東京へ出るときにアクセント辞典を丸暗記するほどの心意気と書かれたからには、そんなこぼれ話をいつか何かに大仰に書いたのかもしれない。志は立派でも、現実には文アクセントというものがあって、せっかく覚えこんだ単語のアクセントも、単語だけで会話するわけではない東京での実生活では万能でなく、けっこう戸惑いが多かったような気がする。それでも、自分のアクセントだけが東京の標準だと信じ込んでいる東京人の前で、「好み」も「にわか雨」も「辛夷（こぶし）」も「磨り潰す」も「掘り下げる」も標準アクセントに二種類あるなどと鼻をうごめかす気分はまた格別。ともあれ、それが辞典との宿命的な邂逅（かいこう）となったのだから、人生はわからない。

　当時、現代語研究のメッカとして憧れの的だった国立国語研究所の一員となってから、各社の国語辞典の語釈が気に入らず、あれこれけちをつける楽しみを覚えた。身の程を知らぬそんな不穏な動きを察知したらしい直属の室長と部長から、今度ある有名出版社で新しい国語辞典の企画

10

大型国語辞典

があるから、一度自分で語釈をつけてみよと項目執筆の厳命が下る。生まれて初めて、辞典を引いて読む側から書く側にまわり、晴れ舞台に立つ、はずだった。稿料はいつの世もなぜか一項目あたりビール一本という神秘的な相場があり、その頃は六〇円だった。すらすら書けても割に合う仕事かどうか疑問だが、在り来り（ありきたり）の説明では日頃の言動に似合わないなどと特に力んだ記憶もないが、思わぬ時間がかかった。項目によっては六〇円稼ぐのに四日費やすこともある。割り当てられた「運搬」という語に「物を運ぶこと」と書いて済ませれば一分もかからないが、欲を出して「通常、物に対して用い、人には使わない」というぐらいの用法制限を注記しようと思い立ったのが運の尽き。人間の場合、「輸送」とは言うが「運搬」とは言わないと断定できるかどうか気になって、本格的な調査に乗り出したところ、「病人運搬車」という用例が見つかり、必ずしもそうとは限らないことを知って、ようやくその記述を断念したのが四日後で、ビールがえらく高くついた。たしか国道二四六に似た三桁の番号のついたこの記念すべき企画はなぜか途中で幻に終わり、四日がかりの原稿用紙も泡と消えた。あれは夏の夜の夢だったのか知らん？

一項目と四日間も格闘するという常軌を逸した頑固ぶりが人相に現れたのか、その夢から覚めて何年か経った頃、今度は角川書店から自分自身に編集委員の話が舞い込んだ。あるいは、時枝誠記・吉田精一編『角川国語中辞典』の項目点検の手伝いぶりが未熟のわりに堂に入っているように見えたのかもしれない。ともあれ、編集会議の末席に連なって思いつきをしゃべっているうちに宴席が始まり、気がつくと新宿の酒場の客となっていて、いつのまにか車が自宅前に到着している。それでも幻に終わったあの企画と違って、こちらはちゃんと『角川新国語辞典』という形で目に見える成果が出た。今では考えにくいあの時代の夢のような接待ぶりが無性に懐かしい。

それに味をしめたのか、こんな仕事も悪くないという気分になりかけた頃、あの国語辞典の高名な編者である松村明あたりと名前が似ているせいで人違いされたのか、今度は思いもかけない集英社から声がかかる。こちらは新しい辞典の下相談の段階から企画に加わり、編集委員としてやがて『集英社国語辞典』という名で世に出る本の、根気の要る作業にどっぷりと浸(つか)り、辞典編纂という仕事がいかに大変なものであるかを身にしみて感じる結果となった。

ふつうならこれで懲りるところだが、どうしたことか、それがいつかすっかり癖になってしまい、それ以後も懲りずに各種の表現辞典類を単著で刊行し続けることとなる。もしも辞典という魔物に手を出さなかったら、いったい何ができたのか見当もつかないが、あれから長期にわたって研究半分、辞典半分というどっちつかずの生活が続き、中途半端な人生になったかもしれない、実学に対するそんなためらいが心のどこかにある。

辞典となれば、最も一般的なのは国語辞典で、たいていの家庭に小型の国語辞書の一冊ぐらいはあるはずだ。「字引」と総称されるように、「字」を「引く」機会が多いのだろう。「こまぬく」「じゅうしまつ」「すこぶる」「つまぐる」「なげし」「ほふる」「よりしろ」「ろうそく」など

10
大型国語辞典

と書こうとして漢字が思い出せない場合に引いて調べるというケースが今でも一番多いかもしれない。「嵩張る」「踝」「匙加減」「瞳孔」「鼻糞」「耳垢」などと書こうとして、今の常用漢字表に載っていなければ仮名書きにしようと辞書で調べることもある。文字だけではない。「すくない」「おぎなう」「おこなう」「うけたまわる」「かならず」の送り仮名に迷うときや、「同様の」を「同様な」と言えるか、「哲学」や「科学」に「する」を付けて動詞として使っていいか、そんな疑問を解決するときに国語辞典に頼ることも一般には多いだろう。

まずは大型の国語大辞典の話から始めよう。明治・大正・昭和前期とそれぞれの時代を代表する国語辞典として、『言海』『大日本国語辞典』『言泉』『大言海』、それに最大の項目数を誇った『大辞典』などが挙げられ、いずれもその時期にそれなりの役割を果たしてきたにちがいない。戦後二十数年を経た一九七二年の暮れから刊行の始まった『**日本国語大辞典**』（小学館）全二〇巻は、その集大成とも言うべき大事業だったと言っても過言ではない。

当時の宣伝用パンフレットには、「世界に誇る国語大辞典の誕生」であり、「学界の英知を結集した日本文化の象徴」とまで謳ってある。「十数年の歳月と二千人の権威の協力」とあるからには、たしかに総力結集と言えるだろうし、「記紀・万葉集から漱石・鷗外までの文学作品はもちろん、数万点に及ぶ歴史上の記録文献を総点検」したとあることばに誇張がなければ、なるほど「日本文化の集大成」と言えなくもない。

数多くの用例を収録した主要文献の五十音順の一覧を眺めると、初めのほうだけでも二葉亭四迷訳『あひびき』、仮名垣魯文『安愚楽鍋』、『吾妻鏡』、森鷗外『阿部一族』、『天草本伊曾保』、『新井白石日記』、徳田秋声『あらくれ』、斎藤茂吉『あらたま』、有島武郎『或る女』、志賀直哉『暗夜行路』、阿仏尼『十六夜日記』、『石山本願寺日記』、川端康成『伊豆の踊子』、『和泉式部集』、『伊勢物語』、石川啄木『一握の砂』、『一休仮名法語』、田山花袋『田舎教師』、『今鏡』、『色葉字類抄』、富田愛次郎『隠語輯覧』と、文字どおり多様な文献がぎっしりと並んでいて圧倒される。

　こういう原典主義はそれだけ権威が感じられるものの、一般読者にはなじみにくい面もある。村上春樹の作品はもちろん、三島由紀夫の『金閣寺』も藤沢周平の『蟬しぐれ』も井伏鱒二の『黒い雨』も見当たらないなど、戦後の文学作品からの例がきわめてとぼしいのは、現代作家の生きのよい文例を求める読者にはいささか物足りないかもしれない。が、まさか未来の作品から例を収集するわけにいかず、これは時代的にやむをえない面もある。

　もう一つ、できるだけ初出に近い例を取り上げようとする学術的な姿勢から、そこに選ばれた例が現代の感覚から見て必ずしも典型的な用法ではない場合も散見し、そういうこだわりを捨てれば、もっと短く的確でわかりやすい例がほかにあったはずだと思う、使う側の欲も出てきてしまう。

　また、全二〇巻ともなると、金額的に高価であるだけでなく、相当の重量があって携帯はとうてい無理、手許に並べて置く場所を確保するのも容易ではないし、しかも一冊ずつが重いから二階から持って降りるのもけっこう大変だ。その後、改訂の際に項目をさらに増補しながら、逆に全一四巻にまとめなおしたが、六冊減っても依然として扱いがむずかしく、別に三巻セットの精選版も出ているらしい。

いずれにしろ、「五十万の見出しと二百万の用例を収録」という看板に偽りがなければ、膨大な情報がぎっしりと詰まっているはずである。「語の発生過程から現代の用法にいたる歴史的な視点を軸に、解説、用例、語源、発音、慣用句などのすべてにわたって」最大の情報を網羅したとあり、いわゆる国語項目だけでなく、百科項目と呼ばれるそれ以外の一般項目を「十五万語も収録」してあるというから、説明は簡単ながら、ある程度は百科事典の役割もこなせるはずである。

収録語数の違いを実感するために、五〇万を超えるこの大辞典の項目排列を、二〇万項目ほどの中型国語辞典や、八万項目程度の小型国語辞典と具体的に比べてみよう。見本を示すと、こんなぐあいになる。約六五〇〇〇項目の『**岩波国語辞典**』で「あんころ餅」「安座」「行在所(あんざいしょ)」「暗殺」「安産」「暗算」「安山岩」「アンサンブル」と並んでいる箇所に、同じく岩波書店の約二三万項目収録という『**広辞苑**』第五版では、ほかに、「アンサー」、山崎「闇斎」や「闇斎学派」「闇斎点」、それに有職故実に関する考えを説いた伊勢貞丈の『安斎随筆』、蚕の卵を暗所で発育させる方法「暗催青(あんさいせい)」、登山者が互いにザイルで体を結び合う「アンザイレン」、オーストラリア・ニユージーランド・アメリカ三国間で締結された相互防衛条約「アンザス」、政治上のことを調べただす「按察」、イスラム教徒のアサッシン派をさす「暗殺教団」、熱帯植物「安産樹」、中国の地名「鞍山」も並んでいて、大幅に増えていることがわかる。さらに『日本国語大辞典』では、それ以外に、「あんころ餅で尻叩かれるよう」という慣用的な比喩表現、日が暮れて暗くなる意の「暗昏（あんこん）」や道理に暗い意の「闇昏（あんこん）」、秘かに抱く恨みを意味する「暗恨」も立項されている。

　後半からも一箇所取り上げて比べてみる。『岩波国語辞典』で「内向」「内攻」「内訌」「内交渉」「内国」の五項目が立っている範囲に、『広辞苑』ではほかに、「内顧」「内語」「内向性」「内考」「内行」「内幸」「内航」「内航船」「内港」「内項」「乃公（ないこう）」「内合」「内行花文鏡」「内肛動物」「内呼吸」「乃刻（ないこく）」「内国」「内国会社」「内国貨物」「内国為替」「内国航路」「内国人」「内国税」「内国法」「内国貿易」「内国民待遇」「内骨格」「内婚」と多くの項目が並んでいる。それが『日本国語大辞典』となると、さらに、イナゴなどの昆虫をさす北関東の方言「ないご」、天文学用語の「内合」、城の内堀をさす「内濠」、「内剛外柔」「内向型」「内向的」「内国貨物」「内国貨幣」「内国勧業博覧会」「内国公債」「内国債」「内国消費税」「内国船」「内国戦」「内国法人」「内国民」「内国郵便」「内国郵便為替」、禁中の書籍を保管した「内御書所」、先例がないさまを言う「ないこと（無事）がまし」までそろっている。

　これだけでも、大辞典・中辞典・小辞典のイメージがある程度つかめるだろう。

11 中型国語辞典

大辞典のあと、中辞典と称してきた『広辞苑』クラスの一冊ものの大きな国語辞典としてほかに『角川国語中辞典』『言泉』『大辞林』『日本語大辞典』『大辞泉』を取り上げて収録項目の比較をしたあと、『学研国語大辞典』の特色を述べて使い分けを示唆する。

日本語に関する最大の辞典となれば、先に紹介した『日本国語大辞典』である。名実ともに「大辞典」という名にふさわしい、現代における唯一の存在であり、その意味では国の宝と言ってもいいかもしれない。一般に宝物は大切に保管するのが通例で、気軽に持ち歩くものではない。特にこの宝物は、冊数から見ても重量から考えても、全体として人間が持ち歩けるようにできていない。書庫の奥か書斎の高い棚かにずらりと飾りつけ、その権威と存在感を心の拠(よ)りどころとするのに最適だろう。ただ、手近の辞典で用が足りず、どうしてもこの辞典の力が必要になった折に、ずらりと並んだセットから、その項目の載っている巻がすぐ引き出せるよう、せめて背表紙が見える程度には、まわりを整頓しておくことが望ましい。

家庭で日頃しょっちゅう引くには、机辺に備えつけることのできる一冊物のどっしりした辞典が便利である。片手で何とか持ち上がる、多くはちょっとした百科辞典を兼ねるその大部の国語辞書を一般に「中辞典」と称してきた。「広辞苑によると」として、作家の随筆などによく引かれる『広辞苑』は、その最も有名な一冊である。一九七三年に出た『角川 国語中辞典』などでもきちんと「中辞典」と名乗っていたが、その後、ある時期から、その大きさの辞典で書名に「大辞典」を名乗る企画が現れて、「中辞典」のイメージが曖昧になっている。同じ本でも中途半端な「中」より、小を兼ねる「大」のほうが、なんだか情報量も多いような錯覚を誘って、そのお得感からよく売れるのか、同様の企画が相次ぎ、その趨勢に押されて本来の中辞典も「大」と名称変更に追いやられるほど、名称のイメージが混乱している。ともあれ、かつて「中辞典」と呼ばれた一冊物の大きな国語辞典類を、ここでは「中型国語辞典」として一括して扱おう。版を改めるたびに収録項目数は一般に少しずつ増える傾向にあるが、今手許にある中型国語辞典でおおよそのイメージをつかんでおきたい。

一九五五年に初版を出した岩波書店の『広辞苑』の、妻の退職記念に大学から配られた一九九八年刊行の第五版では、「学術用語ならびに百科万般にわたる事項・用語を含む中辞典」と明記し、「収録項目は約二十三万」と凡例に記してある。栗津則雄・市古貞次・伊東光晴・今西錦司・海老沢敏・久保田淳・佐藤喜代治・新村猛・築島裕・都留重人・朝永振一郎・宮城音弥・三宅徳嘉・安井曾太郎・山岸徳平・湯川秀樹・和田春樹ら各分野の数百名の専門家が執筆を担当している。二〇一八年に入ってすぐ刊行された最新の第七版ではさらに一〇〇〇〇項目ほど増やして充実したようだ。

結果として編者の一人である時枝誠記没後となった一九七三年に刊行された『**角川 国語中辞典**』は収録項目数を約一五万語と謳っており、この辞典の特色の一つである漢字母項目については藤堂明保、語のアクセント表示については秋永一枝、外来語については石綿敏雄、専門語については坪井忠二・河竹登志夫・鳥越文蔵・吉田健一ら、いわゆる国語項目については岡村和江・飛田良文・松野陽一・森田良行ら、計一〇〇名を超える学者・研究者が項目を執筆している。

一九八六年末に小学館から刊行された林大監修の『**言泉**』も、やはり国語百科と明記し、収録項目数も同じく約一五万と記されている。項目執筆には梅田博之・西江雅之・芳賀純ら文系の学者五〇名を動員している。

このあたりまでは大型本といってもA5判程度だったが、一九八八年秋に三省堂から出版された松村明編『**大辞林**』は、書名に「大」を採用しただけでなく、判型がB5サイズほどに拡大し、付録を除いて二六〇〇ページを超え、厚みもあるからずしりと重く、片手では扱いにくい本となった。それに応じて収録項目数も増加し、「編集方針」に「現代語を中心に古語や百科語を含めた総合的な国語辞典」と明記し、「各専門分野における用語、および地名・人名・作品名」など

「約二二万語におよぶ」と記してある。

こうなると当然それにかかわる人数も増え、国語・国文・言語関係だけで稲岡耕二・金水敏・國廣哲彌・久保田淳・古田東朔・山口佳紀ら約一〇〇名、各分野の専門家に至っては荒井献・大林太良・興津要・加藤典洋・嘉門安雄・川本信正・鈴木貞美・野上素一・本田安次・宮尾しげを・綿谷雪ら三〇〇名近くの名が挙がっている。

翌年の秋には、講談社から国語でなくはじめて日本語と名乗った辞典が登場。その名も『**日本語大辞典**』。「大辞典」と銘打つだけに判型もビッグなB5サイズとなっている。説明には「国語百科」として収録項目数一七五〇〇〇と記してある。『大辞林』やのちの『大辞泉』に比べれば少ないほうだが、それでも収録語彙は小型国語辞典の二倍以上にのぼり、国語辞典には珍しくカラー写真を配するなどして、百科事典の要素を際立たせた。編者に梅棹忠夫・金田一春彦・阪倉篤義と並んで聖路加病院の日野原重明という名が加わっているのも、ひょっとするとそういう配慮だったかもしれない。項目執筆に江川卓・林大・山口仲美ら二〇〇名近くを動員することになったのも自然だろう。

それから六年後の一九九五年の暮れに、同じ松村明監修で小学館から『**大辞泉**』が刊行された。これも同じく大型のB5判で、二九〇〇ページもあるから、片手で持ち上げるのはいよいよ大変だ。これも「編集の基本方針」に「上代から現代までの文献」のみならず、「新聞・放送などの

11
中型国語辞典

情報媒体にも着意」して二二万項目以上を収めたとある。

それだけに、ここでも項目執筆に協力した人数は相当の数にのぼる。国語・漢字項目に編集委員の林巨樹・飛田良文のほか佐藤武義・佐藤亮一・鈴木忍・古田東朔ら約一〇〇名、各分野の専門語項目の執筆に飯島正・今道友信・岩本憲児・風間喜代三・辻村明ら二〇〇名以上の人材を動員している。

もう一つ、これより早く一九八〇年秋に出版された金田一春彦・池田弥三郎編『**学研 国語大辞典**』を紹介しよう。判型は『大辞林』や『大辞泉』とほぼ同じで、やはり二二七〇ページもありながら、収録項目数は約一〇万語と類書に比べてかなり少ない。それは「現代語を中心とした国語辞典」に徹したためである。それでもこの大きさにふくれあがったのは、従来の辞典がかなりの部分、項目執筆者が頭の中で考えた作例に頼っていた傾向を捨て、「明治時代から現代までの、主な小説・戯曲・評論・詩・短歌・俳句」などを渉猟(しょうりょう)して、可能な限り実際に使われた用例を記載する、いわば実証主義を貫いたからである。これは国語辞典としてのあるべき姿ではあるが、そのために一般の読者には使い勝手がいいとばかりは言えない結果となった。柿本人麻呂や松尾芭蕉もクレオパトラも楊貴妃もナポレオンもチャーチルも、源氏物語や枕草子や好色一代男も、あるいは松江も松島も、応仁の乱も桜田門の変も項目として出てこないのがその一つ。また、作例であれば、短く的確にその意味用法を伝えられるのに、実例にこだわるあまり、例が長すぎてわかりにくかったり、また、必ずしも典型的な用法の例とは限らなかったり、時には、その用例に合わせて意味分類をほどこしたのではないかと疑われたりする箇所もないわけではない。

国語項目にしぼった関係で、項目執筆はおのずからその分野の人材に限られるが、それでも飯豊毅一・高橋太郎・三谷栄一・南不二男・宮島達夫・吉田精一ら約七〇名に達する。

どういう語が並び、どんな語が出てこないのか、具体的に比べてみよう。例えば、『広辞苑』（第五版）で「言い抜ける」「飯沼慾斎」「言い値」「言い逃れ」「言い逃れる」「言い退き」「言い退ける」「言い残す」「言いの立て」「言い罵る」「言い延ぶ」「言いのぼ（上）す」「井伊谷宮」「言いはぐれる」「言い励ます」「言い始める」「言い果つ」「言い放つ」「言い囃す」「言い張る」「言いはる（晴）く」「ＥＰ」「ＥＢＲＤ」「ＥＰＡ」「ＥＰＵ」「飯櫃」「好い人」という二七項目が並んでいる範囲が、類書ではどうなっているかを調べてみると、『角川 国語中辞典』（初版）では、ほかに「言い抜け」と「言いはぐらす」という二項目も載っており、逆に「言い退き」「言いの立て」「言い延ぶ」「言いのぼ（上）す」「井伊谷宮」「言いはる（晴）く」「ＥＢＲＤ」「ＥＰＡ」の八項目が載っていない。

また、『大辞林』（初版第三刷）でも、「言い抜け」も「言いはぐらす」も載っており、逆に「言い退き」「言い延ぶ」「言いのぼ（上）す」「井伊谷宮」「言い果つ」「言いはる（晴）く」「ＥＢＲＤ」「ＥＰＡ」の八項目が載っていない。

『大辞泉』(初刷)では、「言い抜け」「言いはぐらす」「EPホルモン」が立項されており、逆に「言い退き」「言いの立て」「言い延ぶ」「言いのぼ(上)す」「言い果つ」「言いはる(晴)く」「EPA」の七項目が載っていない。

『学研 国語大辞典』では、『広辞苑』にない「言い抜け」「言い放す」「EPホルモン」の三項目が立っており、「飯沼慾斎」「言い退き」「言い退ける」「言いの立て」「言い延ぶ」「言いのぼ(上)す」「井伊谷宮」「言い励ます」「言い始める」「言い果つ」「言いはる(晴)く」「EBRD」「EPA」「EPU」の一四項目が立項されていない。「飯沼慾斎」や「井伊谷宮」といった項目が現れないのは、百科事典を兼ねないこの辞典の性格上当然だが、大部分はそういう問題ではない。多くは、「言い立てる」に関する「言いの立て」、あるいは「言い延ぶ」「言い上す」といった古い語形をどこまで立項するか、「言い抜ける」という動詞と「言い抜け」という名詞の両方を立てるか一方にするか、という問題であり、情報的には見かけほどの差はない。そういった親切さと無駄のどちらを切り捨てるかという編集方針の違いがそういう現象をもたらしたと言えるだろう。

今度は語釈のつけ方や用例など、説明の仕方をいくつか比べてみよう。まず、今の語彙比較でどの辞典にも載っていた最後の項目「好い人」は、『広辞苑』に「①善良な人。ときに、好人物。②情人。恋人。」とあるだけなのに対し、『角川 国語中辞典』では「①よい人。善良な人。②恋しいと思う人。恋人。情人。」という似たような語釈を示したあと、②のほうに「―ができた」というごく短い作例を付してある。

『大辞林』では、①を名詞として「恋人。愛人。」と言い換え、「―がいるらしい」というこれもそっけない作例を示し、②を連語と表示して、それが一単語ではなく「いい」という形容詞と「人」という名詞が慣用的に結びついた語形であることを示したあと、「人柄の良い人」と説明し、「好人物」という言い換えを添えている。

『大辞泉』でも、大きく名詞用法と連語とに分け、前者では「恋人。愛人。」と言い換え、「―ができたようだ」という作例を添え、後者は二つに分け、「①気質のいい人。好人物。②あることにふさわしい人。適任者。」とし、そのうちの②の例として「その仕事なら―を紹介しよう」という作例を添えている。

『学研 国語大辞典』では、逆に連語としての用法を①とし、「人柄のいい人。善良な人。」と説明し、「好人物」と言い換えを示し、さらに類語として「善人」を添える。そして、②名詞として、「こいびと。情人。」と、特に意味規定なしに、言い換えを二つ置いたあと、「―ができる」「彼女には―がいる」という作例を示し、さらに「されば吉住も乗気になって、ずッと―になりすました料簡」という坪内逍遥『当世書生気質』からの実例を添えている。

それでは、言い換えに使われる「恋人」のほうは、いったいどのような説明になっているのだろうか。『広辞苑』では「恋しく思う相手。」という語釈に、「おもいびと」という言い換えを続け、「―同士」という最短の作例を添えただけでまとめている。『角川 国語中辞典』では、単に「恋しく思う異性」と説明し、言い換えも用例も示さずに淡々と結ぶ。それでも、「異性」と規定したことで、同性愛の相手は含まれないという意味合いが加わる。『大辞林』でも、「恋しく思う人。相思の間柄にある、相手方。」と説明するだけである。互いに恋情を抱く場合に限られ、片想いの相手は含まないと範囲が限定される半面、同性愛の場合にどうなるかという問題にはふれていない。

『大辞泉』では、「恋しく思う相手。」と説明し、「普通、相思相愛の間柄にいう」と用法制限に言及している。すなわち、片想いの場合は例外的だということになり、やはり同性愛の場合にはふれていない。ただ、そのあとに、「恋人」「愛人」という類義語との関係についての補注が続く。『学研 国語大辞典』では、「恋している相手の人」という簡潔な説明に続き、「よしいかほどに恋ひこがれし我が―に接すればとて、…いと厚かましう打いだして情を述ぶるを得ざるべければ」という坪内逍遥『小説神髄』からの実例を引いて、さらに類義語として「意中の人。愛人。思い人。情人。」を列挙している。詳しいように見えるが、相思相愛の場合に限るのかどうか、同性愛の場合が含まれるのかどうか、という肝腎の意味範囲は曖昧なままになっている。

それぞれに一長一短あり、結局は使う人の用途や好みによって選ぶほかはない。

12 小型国語辞典

一般人が日常慣れ親しんでいる小型の国語辞典として『岩波国語辞典』『新明解国語辞典』『三省堂国語辞典』『明鏡国語辞典』『ベネッセ国語辞典』『新潮現代国語辞典』『新選国語辞典』を紹介したあと、異色の『集英社国語辞典』の特色を示す形で理想像を熱く語ろう。

「―百科」「―総覧」「―全書」「―集成」「―マニュアル」「―ハンドブック」「―図鑑」「―図説」「―図録」「―図譜」などと名乗る本にも、字引・字書・辞書・字典・辞典・事典などのジテン的な要素が含まれている。そういう辞典類の中から「辞典」と銘打つ書籍に限定しよう。ことば関係の辞書といっても、漢和辞典、発音アクセント辞典、用字用語辞典、色彩語辞典、外来語辞典、擬音語擬態語辞典、類義語辞典、類語辞典、反対語辞典、それに各種の表現辞典類と、実にさまざまな広がりがある。そういう辞典類と対比してみれば、消去法ふうにおのずと「国語辞典」というものの共通の性格が浮かび上がってくる。

「辞典」と言ったときに、一般の人の頭に浮かぶのは、まずはその国語辞典だろう。それも自分

12
小型国語辞典

で使っている日用辞典となれば、たいていは小型の国語辞典であるにちがいない。ひとくちに小型国語辞典と言っても、いくつもの出版社からさまざまな類書が刊行されており、それぞれの個人が使っている辞典もいろいろ分かれるはずだ。すべて日本語を日本語で解説した本だから、どれも似たり寄ったりだろうと、われわれ素人は思い込みやすいが、対比して調べてみると、実情は相当に差があり、それぞれ個性的であるらしい。

その点にずばりと斬り込んだのが、サンキュータツオの『国語辞典の遊び方』（角川文庫）という人を食った題名の快著である。一休宗純という大徳寺の禅僧は有名だが、三休という名は聞かない。この「サンキュー」も姓ではなく、漫才コンビ米粒写経の一人の芸名である。岩波書店の月刊総合誌『世界』の二〇一五年一一月号で、〈師弟対談〉が組まれ、二人の共通の研究課題である〝笑い〟について雑談した（笑）。タツオ君が早稲田大学大学院文学研究科の奇しくも中村研究室の修了生という縁で企画され実現したものである。同君は博士後期課程を単位取得で満期退学したあと、永年にわたって一橋大学の講師を務めている。「学者芸人」と称するだけあって、辞書を二百冊以上も所有（読破？）しており、特にこと国語辞典に関しては並々ならぬ博識、師弟といってもどちらが師かわからない。

その道にかけては逆にこちらが師と仰ぐこの著者は、遊び始めの冒頭でまず、「オススメ辞書占い」の筮竹をさばき、どんな人にどの辞書が合うかを大胆に占って進ぜる。保守的で、狭くても深い知識を身につけたくて、理系とはいえない人には『岩波国語辞典』、同じく保守的でも、幅広い知識を身につけたいと思い、古典より外国語に関心のある人には『集英社国語辞典』が向くそうだ。ついでにいえば、文章を書くときに同じような言いまわしばかり使ってしまう人のうち、自己主張をするよりも空気を読む傾向のある人には『日本語　語感の辞典』(岩波書店)がぴったりだとも述べてある。

各辞書を男性キャラクターになぞらえてそれぞれのイメージを描き出す大胆な試みもあり、個性はそんな単純なものではないと思いながらも、何となくもっともらしいから、つい笑ってしまう。「語釈がスマートで無駄がなく、規範に忠実」な『岩波国語辞典』は、「都会派インテリメガネ君」で「委員長キャラ」だという。中央区で育ち、泰明小学校に通ったかもしれないとまで妄想してみせるのだから恐れ入る。その「おもしろみのない、ツンな感じ」の味わいがわかるのが大人らしい。

そのライバルとして三省堂の『新明解国語辞典』を挙げ、在野精神旺盛で個性的で一言多い、地方出身のワイルドな秀才というイメージだが、改訂を重ねるにつれて、当初の辛辣(しんらつ)で過激な性格が丸くなりつつあると評している。

同じ出版社から出ている『三省堂国語辞典』は、「かけ流し」「セリフを噛む」「もとカレ」を積極的に収録するなど、巷(ちまた)で用例を採集した生きのいい現代日本語辞典をめざしており、面倒見のよい情報通だそうだ。

似たような性格を持つ後発の一冊に、時代のことばを映す鏡を意識してか、「巨乳」も立項し、「恋愛」で同性愛も認めているという大修館書店の『**明鏡国語辞典**』がある。髪の毛を染めてピアスぐらいしていそうな渋谷系のスマートな現代っ子で、説教せずに、耳もとで教えてくれる等身大の友達というイメージらしい。

表現力・読解力を謳う『**ベネッセ表現読解国語辞典**』は、相談するのにぴったりの「表現力豊かなアーティスト」といった存在だという。

ちょっとむっつりさんという人に向くという『**新潮現代国語辞典**』は、出典付きの用例が豊富で、いろいろ知っている文学青年という肌合いだという。

小学館の『**新選国語辞典**』は、思いつきではなくきちんとデータで示す、現実主義のしっかり者で、「何でもパソコンで調べてくれそうな」、「白衣の似合う」クールな理系男子のイメージらしい。理系女子とはイメージがずれるのかもしれない。

漢字や語源や古語から百科事典的要素まで取り入れた『**角川必携国語辞典**』は、語釈も時に文学的で、「着物が似合う、名家の息子みたいな感じ」なのだそうだ。

指導教授に気を遣ってか、「ことばのニュアンスだけに特化した辞典」として、『**日本語　語感の辞典**』という一風変わった野心作も取り上げ、「和風も洋風も着こなせるオシャレさん」で、

「TPOを的確に判断する魔法つかい」並みに、「雰囲気を自在に操るスペシャリスト」にデッサンしてある。ちとこそばゆいが、当然その本も著者もよく知っている関係上、のちに〝語感〟を扱う章で、具体例とともに詳しく紹介することにしたい。

国語辞典類でもう一つ、これも細やかな配慮で「私が大好きな」と冠する『集英社国語辞典』については「総合力ナンバーワン」と評価するが、偉そうな雰囲気はなく、岩波国語が「堅苦しい委員長」なら「優しい副委員長」という位置づけで、世界のトピックも知っている「帰国子女的」な面もある「雑学が得意な物知りさん」というイメージだという。

＊

ようやく完成して発行にこぎつける直前、集英社の読書情報誌『青春と読書』の一九九三年二月号に、井上ひさしのエッセイ「新しい辞典の噂」に続き、「辞書の夢、夢の辞書」と題する雑文を載せた。副題に「『集英社国語辞典』の編纂を終えて」とあるから、共編の先輩たちをさしおいてこの若僧がと生意気に思われかねないが、縁は異なもの妙なめぐりあわせで、この辞典の計画の準備段階から、時に酌み交わしながら奥深くかかわった因縁があり、その関係でこの相対的な若者に声がかかったのだろう。

その若書きの文章では、「従来の解釈辞典の性格を生かしつつ、そこに表現辞典的な要素を可能な限り盛り込み、さらに漢字字典の機能や百科事典的な情報をも併せ持つ、総合的で本格的な

12
小型国語辞典

国語辞典をめざす」と「編者のことば」に謳ったヴィジョンを掲げ、その一点にしぼって、用例とともに具体的に論じている。のちに、青土社の月刊雑誌『ユリイカ』で「辞書の世界」という特集を組んだ二〇一二年三月号に、「字引編みの釣果（ちょうか）」というとぼけた題のエッセイを寄せた際にも、この辞典の特色にふれた。

　辞典と名のつくもの、できれば一冊引いて用が足りるというのが、人間という横着な生き物の理想だろう。「かててくわえて」は国語辞典、「あえか」は古語辞典、「やばい」は俗語辞典、「けったい」は方言辞典、「コンスタント」は外来語辞典、「アーティキュレーション」は音楽辞典、「アーティチョーク」は植物辞典、「サラファン」は服飾辞典、「オフサイド」はスポーツ用語辞典、「巡航ミサイル」は軍事用語辞典、「ピロリ菌」は医学用語辞典、「商標権」は法律用語辞典、「消費者価格」は経済用語辞典、「樟脳」は化学辞典、「滝川事件」は歴史辞典、「南無阿弥陀仏」は仏教辞典、「ハバロフスク」は地名辞典、「ロゴタイプ」は印刷用語辞典、「ウェルシュコーギー」は動物学辞典、「風と共に去りぬ」は文学辞典、「モーガン」は人名辞典というふうに、それぞれの専門辞典を引き分けるには、当然それだけの辞書を買いそろえておかなくてはならないが、それでも不十分だ。それぞれの語がどういう分野の用語かわからないと、どの辞典を引いていいかさっぱり見当がつかないからである。「抒情小曲集」「スラッジ」「中観派」「都留重人」「ネルチンスク」「ハンドリング」「東インド会社」「本草綱目」……と、ちょっと知りたいことばが出てきても、ある程度の知識がないと、引くべき辞典すら選択できないしくみになっているのだ。つまり、仮に一〇〇冊の専門辞典を備えていても、その語を調べるには何辞典を引けばいいかを案内する道標として一〇一冊目の辞典がないと役に立たないことになる。

とりあえず一冊の辞書で間に合わせたい人間にとって、いつも手許に置いて活用する小型国語辞典がその一〇一冊目の辞典の役をこなせれば便利である。その代わり、百科項目の解説は簡潔でよい。浦島伝説に関する諸説やサボテンの肥料や静脈瘤の治療法を知るために国語辞典を引く楽天家はめったにいないはずだから、「穴熊」といってもイタチ科の哺乳類とは限らず「と金」は金属の一種でもメッキでもなく、ともに将棋用語であることを伝えるところまでが、ホームドクターたるこの一〇一冊目の道標辞典の任務なのだ。和製英語が気障（きざ）なら、かかりつけの医者と考えればいい。軽症の場合は診断・治療をおこない、重症や難病の患者に対しては応急処置をほどこした上で、それぞれの専門病院または大きな総合病院に送り込む。詳しい説明が知りたければそれぞれの専門辞典または大規模な百科辞典を引くように案内する、そこまでが総合国語辞典の役割だと考えるからである。

「饒」や「褻」という漢字の意味、「安政の大獄」「ウイービング」「円太郎馬車」「オラショ」「からむし」「耆宿（きしゅく）」「血餅」「ケニング」「皇道派」「亢竜（こうりょう）悔いあり」「コックニー」「酒ほがひ」「サファビー朝」「十界」「シャンツァイ」「スリーマー」「前成説」「蒼惶（そうこう）」「橘寺」「茅（ち）の輪」「倒

12
小型国語辞典

置反復」「熱核反応」「フックの法則」「巻き落とし」「マッス」「マットカラー」「美作（みまさか）」「ユイメン」「由旬（ゆじゅん）」「よしこの節」「ランチェスター戦略」「レザーシャーパフラビー」「若松賤子（しずこ）」『倭訓栞（わくんのしおり）』……まさに困ったときの集英社で、ともかく引いてみる。五五分野の百科病院には、宗教学の山折哲雄、歴史学の児玉幸多、音楽の海老沢敏、美容の山野愛子といった各界の名医がずらりと並び、適切な指示を与えるはずである。

　辞書を引いて一番がっかりするのは、そのことばが載っていないときで、信頼が揺らぎ、度重なると信用をなくしてしまう。それではいったい、どのぐらいの語数を盛り込んであれば、大概の用は足せるのだろう。何十万もの項目を収載する大型辞典では持ち歩くのに人手が要るから、携帯できるのは小型辞典で、その頃は七〇〇〇〇語程度が一般的だった。はたしてそれで現代文化を生きる社会人の知的な言語生活を支えることができるのかという検討から始めた。

　従来の国語辞典の中核をなしてきたいわゆる国語項目をさらに充実させたい。日本民族が生きて歩いて来た跡の刻まれている和語を基層とし、漢語・外来語を外層とする重層的な言語文化の中で、日本人はものを感じ考えてきた。「汽船」や「哲学」のような外国語の翻訳によって成立した和製漢語の項目に原語を添え、「ガソリンスタンド」「テーブルスピーチ」のような和製英語を注記したのは、ことばの血筋を明らかにするためである。

　そういう日本人の基底をなす語彙として、まず、「この」「飯」「食う」「とても」「うまい」

「よ」のような日常使われる現代語はもちろん欠かせない。

一方、時代の変化に即応した手当ても必要だ。「アーカイブ」「インプラント」「裏技」「売れ筋」「落とし所」「オンデマンド」「買春（かいしゅん）」「仮歯（かりば）」「クーリングオフ」「薬漬け」「抗癌剤」「孤独死」「裁判員」「下げ止まり」「雑味」「次世代」「縛り」「自販機」「自分史」「消臭」「食育」「スイーツ」「素っぴん」「節税」「先進医療」「チンする」「デイサービス」「盗撮」「咽喉（のど）越し」「箱物」「初乗り」「バトル」「ピンポイント」「分極化」「ベンチャー」「ぽい捨て」「ポピュリズム」「負け組」「丸投げ」「無国籍」「メタボ」「猛暑日」「油膜」「訳（わけ）あり」など、社会で広く用いられるようになった新語や社会語も適度に入れたい。

また、「いけず」「しばれる」「しんどい」「はんなり」「ほんま」「まったり」など全国的に知られている方言、「あしひきの」「おとなふ」「そぼつ」「をみな」など、知識人の教養として身につけておきたい古語を、それぞれ必要なだけ確保することが求められる。

以上の解釈辞典としての補充のほか、表現辞典としての有用性を高めるため、単語の標準アクセントを表示して、例えば尾高の「垣」と頭高の「牡蠣」と平板型の「柿」、尾高の「橋」と頭高の「箸」と平板型の「端」という発音上の区別を明確にした。

類義語がいくつか思い浮かぶ際に、どういう相手にどういう場面でどの一語を選ぶべきかを考える参考にと、各語の文体的レベルを表示したのも、表現辞典としての配慮である。各分野の専門語の表示はもちろん、一般語についても、「あたい」「あたし」「お腰」などに女性語、「あんよ」「だっこ」「ねんね」などに幼児語、「おしゃか（になる）」「ちょいちょい」「ひん曲げる」「やっぱし」などに俗語という位相表示をしたほか、「胸裏」「去来」「稚気」「知己」「白日」など、固い文章や改まったスピーチに用いられる文章語、「あぶれる」「からきし」「きっかり」「目糞」「やっぱり」など、逆にくだけた会話で使われる口頭語という表示をほどこし、改まりの度合いによって使い分けるめやすを示した。

「心」を含むもの二五、「手」を含むもの八四、「目」を含むもの九九という大量の諺や慣用句を立項したほか、「ああ言えばこう言う」「憧れの的」「上を下への大騒ぎ」「選ぶところがない」「大きなお世話」「遅れ馳(ば)せながら」「風光る」「恰好(かっこう)をつける」「これといって」「痺(しび)れを切らす」「人口に膾炙(かいしゃ)する」「ぞっとするほど」「力を入れる」「血沸き肉躍る」「所変われば品変わる」「泣いても笑っても」「名にし負う」「のべつ幕なし」「馬鹿の一つ覚え」「腹をくくる」「筆を折る」「水も漏らさぬ」「物のみごとに」「悪いようにはしない」など多数の慣用的な固定連語を立項したのも、表現辞典としての配慮である。

「さくら」という和語の場合は、「さ」「く」「ら」という一つ一つの仮名が「桜」の意味を分有するわけではないが、「開館」という漢語の場合は、「開」「館」という一つ一つの漢字がそれぞれの意味を分担している。そのため、個々の漢字の意味用法を知ることによって、「開始」「開閉」「公開」「全開」あるいは「館内」「休館」「閉館」「図書館」といった語の意味を類推する能力を効率よく高めることにつながる。そこで、漢文を読むための漢和辞典とは別に、国語の学力を高めるための漢字字典となる、漢字を単位とした独立項目も必要十分なだけ備えたい。

そしてさらに、多様化し複雑になった現代社会を知的に生きるためには、各分野の専門語や社会語、固有名詞を含む百科項目も、可能な限り収録しておきたい。実に八五〇点に及ぶ図版・図表を収録したのも、視覚的情報として理解を広げ深めるためである。

まずは日本語の専門辞典をめざして、言語項目・表現項目を設定し、「意味」に二八行、「敬語」に一一行、「言語」に二八行、「言葉」に二四行、「修辞」に二二行、「比喩」に二〇行、「表現」に三六行、「文体」に二九行も割いて、専門的な解説をほどこした。

そんな欲張った希望をひととおり満たそうとした結果、初版の段階でも収録語彙が九二〇〇〇項目に達し、現行の第三版ではさらに二〇〇〇項目増えて、それだけ厚く重くなっている。内訳を見ると、初版で通常の国語項目以外に、「憲」「准」「雰」「郵」といった漢字母項目を約三二〇〇、「クリエーティブ」「スキャン」「パティシエ」「ムーブメント」といったいわゆるカタカナ語を約一二〇〇〇項目、「ISDN」「JAXA」「OHP」「THAAD」といったいわゆるABC略語を約一九〇〇項目収録し、さらに、高等学校の全教科の主要語を含む五五分野の専門語を約一六〇〇〇立項して、必要に応じその約半数に、それぞれに対応する外国語を付して関連

12

小型国語辞典

の広がりを示唆した。また、その延長として、「ヨーロッパ」「ケニア」「ミュンヘン」「ジャカルタ」「スカンジナビア半島」「エーゲ海」「越後」などの地名、「クレオパトラ」「宮本武蔵」「ヘミングウェー」「カラヤン」などの人名、「国富論」「純粋理性批判」「おらが春」「トムソーヤーの冒険」などの作品名を約六三〇〇項目収載したが、この部分は版を重ねるごとに次第に増加するから、それだけページも増え、現在の第三版ですでに二一四五ページに達して、ずしりと重い。今後は、薄くて軽く、しかも裏が透けて見えない、そんな上質の紙をいかにして開発するかが、この辞典の将来の命運を握っているのかもしれない。

まだ戦後の雰囲気の残る一九五二年の春、研究社から、ローマ字で引く『国語新辞典』が出た。この和英辞典的な企画は、福原麟太郎・山岸徳平という英文と国文の泰斗の共編となっており、実際に両大家が全体に目を通して完成させたという小さな名辞典だ。日本語の単語を意味分類し、その一つ一つの語釈に、それに近い英語の表現を添えてある。日本語だけで考えていると意味分類が主観的になりやすいが、英語で別の表現になるという事実にもとづくことで分類がそれだけ客観性を増すという画期的な試みであった。今、手許にあるのが一九七〇年の第一七刷だから、毎年増刷していた計算になる。ちなみに、遠藤周作の新聞小説『おバカさん』の主要登場人物、瓦斯燈(ガスとう)をもじったガストンのモデル、東大・慶応・ICUでも教鞭をとったネラン神父は、徒然草ぐらいは自分で読め、最近の学生は漢字を知らなくて困ると嘆くほどの日本語力を持ちながら、この辞典を愛用していた。ローマ字で引くのだから、当然この本は横組みになっている。『集英社国語辞典』も、百科事典を兼ねる総合日本語辞典をめざした結果、必然的にアルファベットや数字が多くなった関係で、他社に先駆けて横組み版も刊行した。だが、国語辞典は縦組みという固定観念にとらわれる信奉者が依然多いらしく、最新版は縦組みだけになっている。初版以来ずっと内容にぴったりの横組み版を愛用してきたせいか、最近どうも首が疲れる気がしてならない。横組み版に対するサンキュータツオ師匠の熱烈なラブコールが津々浦々まで届くことを願おう。

書くことはまだまだ尽きないが、なにやら全面広告と勘違いされそうな予感がそこはかとなく漂い始めたので、ひとまずこのへんで中仕切りとしよう。

13 古語を調べる

小型国語辞典に載っている古語項目を概観したのち、ひときわ豊富な『新潮国語辞典』を紹介し、次に古語専門辞典である『新明解古語辞典』との対比を試み、『岩波古語辞典』の特色を述べたあと、現代語から引ける古語の辞典にも言及して和歌や俳句のヒントとする。

国語辞典にもある程度の古語は載っている。通常その語数は明記されていないので、どの程度載っているかを感覚的につかむため、いくつか具体的な項目を点検してみよう。現代語を中心に約六五〇〇〇語を見出しに立てたという『**岩波国語辞典**』(第七版新版)では、「日常生活の上で必要な」という観点から古語も拾っている。係助詞の「なむ」や助動詞の「らむ」、動詞の「思(おぼ)す」「思(おぼ)ゆ」、大臣などをさす「おとど」や乞食を意味する「かたゐ」といった名詞は当然出てこない。「あしひきの」「ちはやぶる」「ぬばたまの」といった枕詞は載っていないが、「たらちねの」の「垂乳根」は(母)親をさす名詞として立項し、雅語的と注記している。「あえか」も雅語的として載っている。副詞の「いと」は古風、「いとど」は古語的と注記付きで載っている。

形容詞の「いみじ」は載っていないが、その連用形に係助詞の「も」の付いた「いみじくも」という副詞は載っている。「翁(おきな)」「おうな」も「おのこ」も載っているが、「めのこ」は「女の子」から転じた「娘」の意のアイヌ語「メノコ」として採録されている。「女院(にょういん)」「女御(にょうご)」「更衣(こうい)」は載っている。天皇を意味する「すめらぎ」「すめらみこと」はないが、天皇関連の事柄に冠せて尊敬・讃美を表す「すめら」の部分だけが立項されている。

『新明解国語辞典』も似た傾向にあるが、「おとど」や「かたゐ」は立項されており、逆に、「更衣」が載っていない。

『新選国語辞典』(第八版)では、「中学校・高等学校の国語科学習に必要な基本的な古語」を収録した旨を明記してあるだけに、この程度の古語はすべて立項済みである。総合辞典を標榜している『集英社国語辞典』もほぼ同様だ。

『新潮国語辞典』は「現代語・古語」と謳うだけあって、一冊の中で古語の占める割合は他の国語辞典とは比較にならない。付録を含め二四四六ページにふくらんだ第二版(山田俊雄・築島裕・小林芳規・白藤禮幸編)の序には、収録語数は両者合わせて一四万語を超えるとあり、しかも、その中に「ソクラテス」「ハムレット」「南北戦争」はもちろん、『源氏物語』「夏目漱石」「応仁の乱」「富士山」のような地名・人名その他の百科項目を含まないから、収録されている古語は相当の数にのぼるものと思われる。

13
古語を調べる

ページの初めのほうから比べてみると、近松門左衛門の『心中天網島』に出てくる「はい」という意味の感動詞「あい」、『色葉字類抄』に出てくる「愛憎」の意の「あいお（愛悪）」、近松門左衛門の『曽根崎心中』に出てくる「たばこ」の別称「相思ひ草」、井原西鶴の『世間胸算用』に出てくる「同じ棟の貸屋」を意味する「相貸屋」、『古今和歌集』に出てくる「語り合う」意の「相語らふ」、『今昔物語』に出てくる「よく気をつけて」の意の「相構へて」、『徒然草』に出てくる「愛し好む」意の「アイゲフ（愛楽）」、『今昔物語』に出てくる「同伴する」意の「相具す」、近松浄瑠璃『川中島合戦』に出てくる「なれあい」の意の「相見」、『伊勢物語』に出てくる「男女の共寝」を意味する「逢ひ事」、『平家物語』に出てくる「もてなし」の意の「あひしらひ」、『伊勢物語』に出てくる「深い契りを結ぶ」意の「相知る」、『今鏡』に出てくる「愛嬌がある」意の「愛づかはし」、式亭三馬の『浮世風呂』に出てくる「江戸時代の奥女中が下着の上に着た白い小袖」をさす「あひじろ（間白）」、近松浄瑠璃『淀鯉出世滝徳』に出てくる「悪事の仲間」をさす「相ずり」、いずれも『源氏物語』に出てくる、「我慢する」意の「相助く」や、「甘える」意の「あいだる」、「不適当」を意味する「あいな」などは、通常の国語辞典には期待できない項目だろう。

それでは、古語専門の辞典ではどう違うか、いくつか比べてみよう。三省堂の『**新明解古語辞典**』第三版（金田一春彦・辻村敏樹ほか編）には収録語数が約四五〇〇〇と明記してあるが、右のうち「愛悪」「相語らふ」「相見」「愛づかはし」「相助く」は立項されておらず、また、「相構へて」も、そういう副詞の形では載っていないが、そのもとになっている動詞「相構ふ」は載っている。

古語専門となれば当然のことながら、見出し語が歴史的仮名遣いになっているため、「相」は「あい」でなく「あひ」の位置に立っており、「愛」とは別の場所に配置されていて、機械的に比較できないが、その他はすべて収録されている。

逆に、『新明解古語辞典』に載っていて『新潮国語辞典』に立項されていない単語としては、「やさしいことばをかける」意の「愛語」、肯定する「はい」に相当する女ことばの「あいなあ」、「出かける」意の「あいぶ」、「あかく」の転「明かう」、「赤合羽」、春の「あがた(県)召し」、「灸」の異名「赤団子」、「班田」の意の「あかちだ」、「垢じみる」意の「垢張る」程度のもので、両者の収録語に思ったほどの差はない。

ただ、説明の詳しさが少し違うようだ。例えば、「足」の意の「あ」はどちらの辞典にも載っていて、使用例も万葉集から「―の音せず行かむ駒もが」という同じ箇所を引いてある。『新潮国語辞典』ではそれに、「鐙(あぶみ)」の「あ」の部分も実はこの足の意の「あ」なのだという語構成の説明を添えてあるだけだが、『新明解古語辞典』では、参考として、「あ」は腰から下の二本のえだ(肢)をさす「脚」、また特にくるぶしから下の部分をさす「足」の古語であり、のちに「脚」も「足」もともに「あし」と言うようになり、この「あ」は複合語に残ったと語史の説明を加えている。「足踏み」の意から馬具の「鐙」が成立したのはその一例なのだろう。このような参考情報を添えてある以外にも、別に、その引用例を含む「足の音せず行かむ駒もが葛飾の真間の継橋やまず通はむ」という一首を参照できるようにしてあり、そこには「足の音を立てずに行くような駒が欲しい。その駒で葛飾の真間の継橋を絶えず通おう」という歌意の説明まで添えてある。

教科書などに頻出する和歌・歌謡・俳句を取り上げて解釈をつけるという「名歌名句全釈」の試みは、主として高校生の古典学習に役立つようにという配慮だろうが、『新明解古語辞典』の辞典としての対比的特徴としては、右に一例を示したような、参考として付記する情報にあるように思われる。強く感動して発する声に起源をもつ感動詞「あはれ」の項では、形容動詞は平安時代に入ってから現れ、名詞的用法はその形容動詞の語幹から成立したこと、上代・中古までは表現領域がかなり広く、後世になって悲哀感が中心となり、力強い感嘆や賞讃の場合はそれを促音化した「あっぱれ」が使われるようになったという補足的な説明をおこなっている。そしてさらに、「をかし」との関連にふれて、平安時代の文学精神を代表する両語のうち、「あはれ」は対象に向かって主観的に感情を移入し、「をかし」は対象を客観的に把握しようとすると対比的に解説し、「情趣深い」と「興趣深い」という関係にあるとまとめている。

今度は『岩波古語辞典』（大野晋・佐竹昭広・前田金五郎編）をのぞいてみよう。編者以外にも久保田淳・安田章・山口明穂らが具体的な校閲に力を注いだとある。奈良時代から江戸時代の前半までを中心に四〇〇〇〇項目、語源の同じ語は原則として一つの項目にまとめた関係上、実質的には約四三〇〇〇語を扱っているという。

目立つ特色としては、動詞項目の見出しが連用形で立っていることだろう。ほとんどの辞書では「遊ぶ」といった終止形で立項されているが、実際の使用状況は、終止形はわずか一割前後にすぎず、連用形が六割にも達するという。単に頻度だけでなく、連用形は「遊び」「歩き」のような名詞形でもあり、複合語を作るにも「遊びくらす」「歩きまわる」のようにそのまま前要素となる。また、古典語の終止形「起く」「受く」は現代語で「起きる」「受ける」となるように、形の異なる場合もあるが、連用形は「起き」「受け」のように古典語も現代語も同じ形である。したがって、文献に出てくるままの形で検索できる割合が高く、また、動詞と名詞との関連も把握しやすい。これは「連用形が動詞の基本形であるという国語史的事実の反映」だとする考え方に基づいている。

そのため、通常の辞典では、例えば「遊び」の項目を「遊ぶこと」で始め、神前の舞や神楽（かぐら）、詩歌、管絃、演奏、狩猟などが含まれることを述べて、酒色や博打にふける意を添える、といった流れになる傾向があり、別に「遊ぶ」の項目を立てて、「好きなことをして心を慰める」といった基本的な意味を述べ、具体的には名詞と同様な内容を繰り返した上で、動物の動きや、観光のため各地を訪れる意や、物や土地が利用されずにある意を付け加える流れになりやすい。

ところが、「基礎語は、日本人の物の判断の仕方を根本的に規制」してきたため、「日本を理解するために、基礎語の個々の意味を明確に把握する」ことが重要だとする基本的な立場から、岩波のこの辞典では、名詞と動詞を「遊び」として一括し、まず「日常的な生活から別の世界に身心を解放し、その中で熱中もしくは陶酔すること」という基本的な意味を述べてから、「宗教的な諸行事・狩猟・酒宴・音楽・遊楽などについて広範に用いる」とその範囲に言及し、そこから個々の意味に入って、「遊びがたき」「遊びぐさ」「遊び子」「遊び寺」「遊び所」「遊びびと」「遊び広げ」「遊び舟」「遊びべ」「遊び法師」「遊び物」「遊び者」「遊び宿」「遊びよね（娼）」「遊び業」「遊び女（め）」という複合語の子見出しへと展開する流れになるのである。

基本的な考え方としてはそのとおりであり、現代語を中心とする国語辞典でも、意味の派生経路がわかるような語義解説を心がける姿勢が肝要だろう。

ちなみに、古語を約五一一〇〇項目収録したという芹生公男編『**現代語から古語を引く辞典**』（三省堂）という逆引きの辞典も出ている。これは古語の意味を調べる通常の古語辞典とは方向が逆で、短歌や俳句などを詠むために古語で表現したい人の要望に応えたもののようである。例えば、現代語で「朝日」と引くと「あさづくひ」「あさひこ」、「上弦の月」は「かみつゆみはり」、

「雨垂れ」は「あましだり」「あまそそぎ」、「追い風」は「追手（おいて）」「時津風」、「湾」は「浦回（うらみ）」「江（え）」、「腕力」は「手力（たぢから）」などと出てくる。

また、類似書名で紛らわしい『**現代語から古語を引く　現古辞典**』というのもある。古橋信孝・鈴木泰・石井久雄の共著で二〇一二年に河出書房新社から出ている。現代語の「美しい」を引くと、①うまし②うるわし③かほよし④かぐはし⑤きらきらし⑥綺靡（きび）⑦艶（えん）⑧きよらなり⑨あて⑩あやか⑪いつくし⑫なまめかし⑬をかしに対応するとして、それぞれの使用例を示してある。「縁」は①えに②えにし③ゆかり④ちぎり⑤ちなみ、「はかない」は①むなし②もろし③つねなし④あだ⑤はかなし⑥はかもなし⑦無常などと、それに対応する古語を列挙している。

このように、古語辞典にもさまざまな特徴があるから、その時どきの目的によって使い分けることが有効である。

14 方言を調べる

庄内は鶴岡から上京して東京になじむようになった体験について語ったあと、『全国方言辞典』『日本方言辞典』といった業績を紹介し、それを補う形での『標準語引き　日本方言辞典』や『都道府県別　全国方言辞典』『東京弁辞典』を詳細に解説してみたい。

朝日新聞の「ことばの食感」と題する連載コラムで二〇一四年五月末日に「数人でマージャンができるか」という短文を載せた。「数」という形から想定される範囲が、世代によって違ってきた現象にふれたエッセイだ。ある場所に人がいるとき、一人から三人までならすぐわかるし、四人でもたいていは見分けられ、それ以上になるとちょっと自信がもてなくなる。自分の理解では、少数だが即座に特定しにくい五か六あたりを漠然と指すのが「数」という表現なのだ。事実、「数人」と言えば「五、六人」ぐらいを想定するのが一般的だったような気がする。ところが、近年、若い人の間でもっと少ない数を想定する人が増え、「二、三人」と理解する人も少なくないらしい。そうなると、本来なら人が余るはずの「数人」で、今ではマージャンができるかどうかさえ怪しくなってきているらしい。

これは日本語の時間的な変化だが、空間的な違いで話がかみあわないこともある。同じ単語でも意味範囲が違うことがあり、ことばの地域差に気づかないと話がぎくしゃくする。私事で恐縮だが、「共働き」などという洒落た身分でなく、ずっと「共稼ぎ」の身の上だったから、時折、買物を命じられ、いや頼まれることがある。結婚して間もないころ、面食らった実話を一つ。「肉」と言われて、何肉かと聞くと、当然のように「牛」だと言う。これまで「肉」と言えば、魚肉は入らないが、牛肉か豚肉かが中心で、時には鶏の肉も含まれる、そんな範囲を想定していたが、「肉」「豚」「鶏」と呼び分ける地方もあるらしく、その場合はたしかに「肉」と言えば「牛肉」にきまっているわけだ。これは隠れた方言だなと一つ蒙を啓いた。

出羽庄内の鶴岡市から上京した当時、濡れることの不快感を形容する「やばつぃ（え）」という方言はそれにあたる共通語が存在しないようなので使わないでいたし、「ごしゃぐ」は「叱る」、「げっぱ」は「びり」、「びっき」は「蛙」に置き換えればそれで済む。

意外に厄介なのは、単語の形は方言形でないのに、その意味範囲が異なる場合だ。前に挙げた「肉」という名詞もその一例だが、庄内方言の実体験では「呉れる」という動詞のニュアンスがむずかしい。「母が呉れた本」というふうに、誰かが自分側に与える場合は東京でも使うから、共通していて何の問題もない。逆に、自分が誰かに与える場合にも使うか否か、使うとしてもニュアンスに差があるかどうかが問題なのだ。現代でも動植物に対して与える場合にはかなり自然に使うようだが、相手が人間の場合は軽蔑的なニュアンスが伴うという。庄内方言としてはその軽蔑的な感じがもう少し弱かったという記憶がある。古語としては、自分へと、自分からと、両方向で使っていたはずだから、現代でも自分の行為について用いても完全な誤りとは言えないだろう。古語にも「恩恵的に」というニュアンスがあったらしいから、それが今でも残っていて、授与という意味合いが生じているのだろう。

「現在では、乱暴な言い方」という補足的な説明を添えている辞書もあり、それが気になってか、最近は自分の行為には使わないという人が増えているようだ。「現在では」とある以上、昔はそれほど乱暴な感じはしなかったのだろう。いずれにしても、そういう場合は「呉れてやる」と言う人が多く、辞書にも、多くは「呉れてやる」の形で使う旨の説明が載る場合もある。「呉れる」が所有権の移転、「やる」が自身から離れるという方向性の意味合いを担っているように思われる。近年は、この「呉れてやる」の形でも違和感があって自分は使わないと主張する人も東京には少なくない。こうなると、「自分が相手に」のあとに「呉れる」という動詞を使った表現が、やや古いニュアンスを引きずっているとしても、それが方言にあたるのか否かは微妙な判断になる。

ともあれ、方言の問題は、まずそれ専門の辞書を引いてみるのが手っとり早い。明治期以降の方言集を集大成した全国規模の最初の方言辞典とされる東条操編『**全国方言辞典**』（東京堂）や、それを継いで大岩正仲・徳川宗賢（むねまさ）らを中心に、さらに大規模な辞典に発展させた『**日本方言大辞典**』（小学館）などの大きな業績が残されているが、当然ながらどちらも方言形を見出しにして五十音順に排列してあり、その方言がどういう意味で、どこの地方で使われているかがわかるようにできている。一般読者は、聞き慣れないことばに出合って、いったいどんな意味なのかを知りたくて辞書を引くケースが圧倒的に多い。ついでにどこの方言かがわかれば、それでほとんど用が足りる。

が、もう一歩進んで、ある意味のことば、例えば「女」や「蛙」や「歩く」や「美しい」という意味を表す方言としてどういうことばがあるか、また、その語形はどの地方に分布しているかを知りたいとなると、そう簡単には行かない。一例として、「とんぼ」をさす方言形の分布状況を調べようとした場合、まず索引で「とんぼ」と引くと、『日本方言大辞典』では「あーけ、あーけーず、あきつ」など実に一八四種類もの異形が並んでいる。それぞれの語形がどの地方で使われているかを知ろうとすると、本文のそれぞれの項目に戻らざるを得ない。一八四項目にいちいち目を通すとなると相当の時間がかかり、読み終える頃には初めのほうを忘れてしまいそうだ。

そこで、その労力と手間を省くために、約三六〇〇項目の標準語形から、それに相当する各地の方言形を引けるようにしたのが、佐藤亮一監修の『**標準語引き　日本方言辞典**』（小学館）である。これで例えば「妻」を引くと、秋田・山形の「あば」、新潟の「おかか」、青森・岩手・宮城の「おかた」、愛媛の「だいこく」、佐渡の「びんぼーがみ」、大阪・愛媛の「よめはん」などが出てくるし、「娘」と引くと、青森・秋田・山形・新潟・岐阜・三重・島根・長崎の「あね」や、長野の「あまっちゃく」、石川の「あんま」、熊本・鹿児島の「おこさん」、秋田・新潟の「おばこ」、愛知の「かぼちゃ」、秋田・山形の「じょっこ」、京都の「にゃーにゃー」、沖縄の「みやらび」、山形庄内の「めっちょ」、青森・岩手・秋田・山形の「めらし」などが出てくる。

恐る恐る「馬鹿」と引くと、青森県の「あっけ」、神奈川県藤沢の「あっぱっぱ」、福井県の「あほかす」、鳥取県の「あほだらきょー」、名古屋の「あっけらかん」、大分県の「うつけ」、香川県小豆島の「くされぼっこ」、岩手・宮城・秋田・山形・福島・茨城各県の「こけ」、奈良県・和歌山県・大分県などの「そこぬけ」、京都府の「たらん」、奈良県吉野の「てんのー」、青森県八戸市・長野県佐久・京都府などの「とぼけ」、新潟・山梨・長野・静岡各県や愛知県名古屋市・三重県宇治山田・滋賀県・奈良県・岡山県・広島県・香川県高松・愛媛県・高知県の「どんつく」、栃木県・名古屋市・大阪市・神戸市・和歌山県などの「ひょっとこ」、沖縄県の「ふれもん」、岐阜県大垣市の「へちま」、岩手県・新潟県・京都市・大阪市・兵庫県・奈良県・和歌山市・徳島県・香川県などの「ぼけ」、新潟県佐渡・島根県などの「ぽんすけ」、熊本県の「よかっちゃん」、山形県米沢市の「りくつなし」など、驚くほど多くの語形が挙がっており、これでも

「あほう」「うつけもの」「ばかもの」に相当する語形は別項目になっているのだから呆れる。

もう一つ、「蛙」を引いてみると、沖縄県各地の「あうた」「あたひた」「あぶた」「おった」から、大阪府・岡山県・徳島県などの「おんびき」、秋田・富山両県の「かえろびき」、青森県・群馬県・石川県・静岡県・大阪府・島根県・岡山県・愛媛県などの「かわず」、岐阜・広島・香川・愛媛各県などの「とんびき」、秋田・奈良・岡山・山口・高知各県などの「ひき」、東北各県や新潟・滋賀・佐賀・鹿児島各県などに広がる「びっき」などが並んでいる。

この索引を利用すれば、「娘」のことを「あね」と言うのは青森・秋田・山形・新潟・岐阜・三重・島根・長崎の各県、「あんま」と言うのが石川県、「おばこ」と言うのが秋田・新潟両県、「かぼちゃ」と言うのが愛知県、「にゃーにゃー」と言うのが京都府だということもわかる。

もう少し一般向けのものとしては、佐藤亮一自身の編になる『**都道府県別　全国方言辞典**』（三省堂）がある。「辞典」と銘打っているが、五十音順の排列ではなく、書名どおり記述が都道府県別に分かれ、北は北海道・青森県から南は鹿児島・沖縄両県まで日本地図のような順に並べてある。執筆者も佐藤亮一は山形県を担当、岩手県は本堂寛、東京都は秋永一枝、神奈川県は日野資純、富山県は真田信治というふうに専門家が各人のゆかりの土地のことばを分担して執筆している。それぞれの県で日常生活に広く使われている代表的な方言を選んで五十音順に掲げ、各語に共通語の意味を記し、使用地域が限定的な方言についてはその地域を明示してあり、さらに

14
方言を調べる

その語の使用例を示し、共通語訳を添えている。素人が興味を引かれた点をいくつか具体例で列挙してみよう。

北海道で、恰好をつけることを「あやつける」と言うらしい。この「あや」はおそらく「文」「彩」「綾」という漢字を宛て、模様や飾りを意味するあの「あや」だろう。霧、特に海にかかる霧を「がす」と言うのは、英語の「ガス」だろう。準備の意で「すたんばい」と言うのも英語の「スタンバイ」らしく、外国語が方言になるのは興味深い。また、初夏の頃の寒さを「りらびえ」と言うのは、フランス語の「リラ」すなわち英語の「ライラック」の花が咲く時期の「冷え」という意味らしく、桜の開花の頃にひんやりするのを「花冷え」と呼ぶのに通じる。

青森県で、頑固者のことを「じょっぱり」と言うのはよく知られている。具合という意味で「あんべ」と言うのはおそらく「按配」の変化だろう。髪のことを「じゃんぼ」と言うのはもちろん英語ではない。ちなみに、茨城県では同じ「じゃんぼ」が葬式を意味する。鼾（いびき）のことを「はなおど」と言うのは多分「鼻音」なのだろう。岩手県で失礼の意で「ぶじょほ」と言うのは「不調法」がなまったものらしい。宮城県で退屈なことを「とじぇん」と言うのも「徒然」のなまりだろうし、熊本県で退屈の意で「とぜんなか」と言うのも、鹿児島県で淋しい意で「とぜんね」と言うのも、やはりこの「徒然」から出た語形だろうから、意外に漢語起源の方言形も例が多い。石川県の方言に元気という意味で「そくさいな」という語形があるが、これもおそらく「息災」

から出ているのだろう。三重県伊勢の大柄を意味する「だいひょー」も、大兵肥満の「大兵」だろう。愛媛県でおっくうの意で「たいぎい」と言うのも「大儀」のような気がする。高知県で「すぐに」の意で「ざんじ」と言うのもひょっとすると「暫時」と関係があるかもしれない。

秋田県で知るという意味で「おべる」と言うのは「覚える」から来ているようだ。山形県の庄内では、「捨てる」意で「うだる」と言うが、これは「打ち遣る」の変化したものだろう。同じく「驚いた」の意で「はともた」と言うのは「はっと思った」が約まった形かもしれない。また、電球を「ほや」と言うのは、昔の「火屋」の連想ではあるまいか。

なお、この本の下段に当該県の方言概説を兼ねた話題提供のコラムが付いていて、その山形県の箇所に、東京でマルイチと表現する①を「山形県の人はイチマルと言う」という指摘があるが、鶴岡市に一八歳まで住んでいて一度もそういう現場に居合わせた記憶がない。ただし、早稲田の大学院文学研究科の委員会の席で、山形県出身のある教授がそう表現し、笑いが起こったのを鮮明に記憶している。実はそれが初耳で、なるほどそう読めば書き順どおりだなと感心したほどだから、県内にそういう地域があるのは事実だろうが、県全域の方言ではないような気がする。それとも、新しい方言なのか知らん?

富山県に梅雨を意味する「さんずい」という方言があるらしい。島根県で子供が泣くのを「ほえる」と言うそうだ。愛媛県の「どういたしまして」の意の「いいえのことよ」という語形も説明めいておかしい。大分県で車のひどい渋滞を「いっすんずり」と言うのは「一寸ずつ ずる」ということらしい。同県で、まったく役に立たないことを「屁のつっぱりにもならん」と言う例には笑ってしまう。屁などというものに突っ支い棒をするという突拍子もない発想には恐れ入る。沖縄で「いらっしゃい」の意で「めんそーれ」と言うのも、なにやら塗り薬を連想させて滑稽な感じが漂う。

一方、神奈川県の方言として挙がっている「ろくすっぽ」は共通語として通りそうだし、山梨県の方言として挙がっている金持ちの意の「おだいじん」は「お大尽」だろうし、徳島県の便所をさす「ちょうず」も「手水」の意だろうから、古い感じはしても共通語と言えないこともない。

福井県の斜めを意味する「はすかい」も、岐阜県の最初からという意味の「のっけから」や、行きがけの意の「行きしな」も同様だ。和歌山県の「仕方がない」意の「しゃーない」、岡山県の「どうすればいい」意の「どーすりゃー」も、方言という感じが薄い。長崎の「ありがとう」の意の「どーも」も同様だ。大分県で幼児を「おたから」と言うのも、「お宝」と感じる人の発想だから全国的であるような気がする。なお、同県で「書いて下さい」のことを若年層が「かかれてください」と言うのも、軽い敬語の「書かれる」だろうから、違和感はあっても方言らしい感じは薄い。また、同県で、修理する意で使う「なおす」や、沖縄で琉球列島に生息する毒蛇を「はぶ」と呼び、独特の三味線を「さんしん」と呼ぶのは、方言だとしてもほかに呼びようがない。

もう一つ、二〇〇四年に出た秋永一枝編の『東京弁辞典』（東京堂出版）を紹介しておこう。まず、「東京」と意識する範囲だが、東京都全域とすれば方言の差がありすぎ、二三区内全体としても移住者が多いが、その地域で生育した人のことばというあたりが、大多数の人々の持つ「東京語」の意識だろう。それを「東京共通語」とし、「東京弁」はもっと狭く東京旧市内すなわち旧一五区内ととらえている。江戸の町奉行の支配地に相当するらしく、現在の区割りで言えば千代田区・中央区・港区・新宿区・文京区・台東区・墨田区・江東区の範囲となる。そこで生まれ育った人の用いていた語彙が対象となるが、その地域独特の語に限らず、他の地域でも使われている語も含まれている。

昔、早稲田の大学院の日本文学専攻の教員懇談会が宮川本廛（ほんてん）で催された際、その店に行くのが初めてだったから、近くで道を尋ねると、その土地の年輩者とおぼしき人物は「ここをまっつぐ行って」と教えてくれた。落語で聞く「まっつぐ」ということばがまだ生きていることにすっかり感動し、鰻の白焼きの味とともに深く記憶に刻まれている。「しばや（芝居）」「おしろこ（御汁粉）」「ふるしき（風呂敷）」なども生の声で聞きたいものだ。

ページをめくると、さまざまの懐かしいことばが目に飛び込んできて楽しい。今でも勘定書きのことを「おあいそ」と言うが、かつては「愛想づかし」と言ったらしい。「あおむく」の江戸

14
方言を調べる

訛「あおのく」もある。「あけっぴろげ」、「けち」の意の「あたじけない」、「あたりまえ」の意の「あたりき」から、「あてずっぽう」、「あばよ」、「洗いざらい」、「あんぽんたん」まで並んでいる。「いい面の皮」、「行きがけの駄賃」、一プラス六が七になるところから婉曲に質屋をさす「一六銀行」もある。「恨みつらみ」、「えっちらおっちら」、それに、「俠」から出て、「お転婆」を意味し、それよりさらに古い「おきゃん」や、「尾っぽ」もある。

「がさつ」、「からっきし」、「着たきり雀」、「くすねる」、「けんつく」、「ごうじょ（強情）っぱり」、「小腹が空く」、「殺し文句」なども出てくる。「指図がましい」もあり、幸田文の小説『流れる』にも出る、「粗野」という意味の「ざっかけない」も載っている。「敷居が高い」、「陰気くさい」意の「湿っぽい」、「塩辛い」意の「しょっぱい」、「思いのままに」という意味の「好きに」も出てくるし、「すっぽかす」、「世間様」、「ぞっとしない」もある。

「だだっ広い」、「ちゃち」、「ちょこざい」、「つっけんどん」、「てっきり」、「どじ」、「とんと」も載っているし、「なけなし」、「慣れっこ」、「にっちもさっちも」、「乗っける」、「のっぺらぼう」、「咽喉ちんこ」もある。さらに、つるつるの「禿げ茶瓶」、「冷たい」意の「ひゃっこい」、「不器用」の意の「ぶきっちょ」、「へこたれる」「一本参る」意の「凹む」、「へなちょこ」、「ほい来た合点」、「惚れる」意の「ほの字」なども出てくる。

「暇さえあれば」という意味の「まがなすきがな」、「眉毛」をさす「まみえ」、「収入」の意の

「実入り」から、「みそっかす」、「みみっちい」、「身も蓋(ふた)もない」、「処女」の意の「娘」、「見つかる」の転「めっかる」、「掘り出し物」の意の「めっけもの」、桃の実がすわりが悪いところから「ある場所や仕事に落ち着かない」といった意味で使われる「桃尻(ももじり)」もある。

さらに、「やいのやいの」、「やけのやんぱち」、「やっかむ」、「青物市場」の意の「やっちゃ場」、「やにさがる」、「やんちゃ」、「よくよく」の意の「よくせき」、「四つん這い」、「たわいがない」意の「らちがない」、「二股」の意の「両天秤(りょうてんびん)」、「ろくに」の意の「ろくすっぽ」、男女間などで特別の事情がある意の「わけあり」、「笑わせる」意の「わらかす」など、眺めていても興味は尽きない。すべてがこの東京旧市内だけの特有のことばではないとわかっていても、かつてこの地域でたしかにこのようなことばが使われていたとわかるだけでも、いささか感動的である。

谷崎潤一郎の『細雪』中の会話がもしも東京弁で書かれていたら、登場人物のイメージが違って感じられただろう。小説中の方言使用は、それぞれの場面を活写するのに有力な武器となる。

近年は「方言コスプレ」と称し、自分の生まれ故郷とは関係のない地方の有名な方言形を着せ替え人形のように使う、ことばの遊びが流行しているらしい。こうなると、〝訛り懐かし〟という望郷の念も、場面描写の写実的効果とも縁がなく、方言の雰囲気が調味料やアクセサリーとして利用される現象かと、平和日本の〝空気感〟を満喫するばかりである。

15 発音を調べる

ＮＨＫのアクセント辞典を丸暗記して花の東京に乗り込んだという珍体験から語り始め、アクセントの時代による変化や、それを追うアクセント辞典の対応、近年の平板化現象とその背景、さらに鼻濁音の衰退や母音の無声化など、口頭表現上の問題点を指摘する。

地方から都会に出てきて、自分の方言をまず意識するのは、よく目立つアクセントの違いに気がついたときだろうか。単語は同じでも、そのうちどの部分を高く発音するかは地方によって一定ではない。同じ日本人でも、「雨」のアとメのどちらを高く発音するかは全国共通ではなく、地域によって違うのである。

東京アクセントでは、「烏」の場合、カを高く頭高に発音するが、ふるさとの鶴岡市では、ラの次に下がる中高のアクセントで発音していた。平板型のアクセントになる「内輪」と違い、「団扇（うちわ）」は、東京ではチの次に下がる中高のアクセントが標準だが、故郷では、語尾のワの次につく助詞の低くなる尾高のアクセントで発音していたような気がする。そんなところで笑われたくない一心で、上京前にＮＨＫのアクセント辞典を丸暗記した記憶があるが、単語とは違う文アクセントというものがあって、実際にはさほど役に立たなかった苦い記憶がある。

もっとも、東京のアクセント自体もけっして不変ではなく、時代によって少しずつ変化している。山田耕筰作曲の『赤とんぼ』で、「夕焼け小焼けの」の次に出る「赤とんぼ」の箇所のメロディーはアの高い形で流れる。できるだけアクセントの高低を崩さないように配慮して作曲したらしく、この単語が当時はアの高い頭高のアクセントで発音されていたことの反映だとされる。それが現在はトの次に下がる中高のアクセントに変化しており、ＮＨＫの『**日本語　発音アクセント辞典**』には、そのアクセントしか載っていない。しかし、秋永一枝編『**新明解　日本語アクセント辞典**』（三省堂）では、その中高を標準アクセントとし、古くは頭高のアクセントだったことを注記している。

同様に、「影法師」も当時は頭高だったが、今はボの次で下がる中高のアクセントが一般的になっている。ＮＨＫの辞典では、優勢な中高をより標準的として扱いながらも、頭高を第二順位として併記してあるが、新明解では中高だけを標準として掲げ、頭高は古いアクセントと注記している。現在、「上」のカミと同じく頭高で発音している「神」は、昔、「髪」や「紙」と同じく尾高だったらしい。今は平板アクセントの発音しか聞かないこの「辞典」も、古くは頭高のアクセントだったというから驚く。

15
発音を調べる

このあたりは昔と今との比較の例だが、まだ人々の記憶にある変化も多い。尾高の「すし」を頭高で発音する人が現れたのも遠い昔ではなく、今ではけっこう多い。「打ち消す」「恥じ入る」「見くだす」などは平板から中高に移りつつあるようだ。「にわか雨」も複合語の意識が弱まるにつれて、下がる位置がアの次からカの次に移っていく。これらは長い間の自然な変化である。頭高の「映画」や「電車」、中高の「喫茶店」「自動車」「自転車」などが、使用頻度の増えるにつれて、さほど改まらない日常場面で、発音の楽な平板型に移行する現象もごくありがちの変化として納得できる。

ところが、近年何かと話題になる平板化の流行の波は、もともと平板型でなかった単語が恐るべき勢いで平板型に移行してとどまるところを知らない雪崩(なだれ)現象のように見える。かつては頭高だった漢語の「音楽」「語彙」「美人」「比喩」「模写」のほか、外来語の「ショップ」「ゼミ」「ドクター」「バイク」などもまさに雪崩を打って平板化。テレビで先日は「シンプル」、今日は「視野」までもが飲み込まれたのを目撃、いや耳撃してショックを受けたほどだ。これはむろん、頭高の単語だけの現象ではない。ムの次で下がったはずの「事務所」や「事務長」も、ジュの次で下がったはずの「教授会」も、チョの次で下がったはずの「学部長会」も例外ではないようだ。大学関係者のうちでも、気にするのはごく一部の人間だけかもしれない。

その一人として、こういう流行に呆れ、それを嘆くあまり、勘ぐりすぎて失敗したこともある。

東京の中央線の駅名にもなっている地名の「吉祥寺」だ。なぜか、ジョの次に下がる中高の発音を伝統的なアクセントといつからか思い込んでいたため、車内アナウンスで次第に平板型のアクセントが増えるにつれ、ついに吉祥寺よお前もかと思った。そういう耳で聞くと、中高の「阿佐ヶ谷」も頭高の「高円寺」さえも、時折アナウンスで平板アクセントが聞こえるまでになり、「千駄ヶ谷」や「市ヶ谷」や「飯田橋」あたりも心配になって、無傷なのはカの次で下がる「立川」だけかと、暗澹(あんたん)たる思いに沈んだ夜もあったかもしれない。

ともあれ「吉祥寺」は、今では街の人びとの口にのぼるごとにその平板アクセントが耳にさわる。気になって辞典類を調べると、そんな単純なことではないらしい。

まず、駒込にあるお寺の吉祥寺は、チの次に下がる中高のアクセントだという。そして、肝腎の地名のほうは、語末のジ音の次に来る助詞を低く発音する尾高のアクセントがどうやら伝統的だったらしい。東京の場合、平板型と尾高とは次に助詞の来るまで区別がつかない。次の助詞「を」を低く発音するか、それとも前のシと同じ高さで発音するかによって、尾高の「橋」と平板の「端」とを区別する。よく知られた一休話に、「橋を渡らずに」という条件を出された一休が、それを「端」と曲解し、「真ん中を渡って来ました」と申し開きをするところがある。このようなアクセントまで考えると、この弁解はいささか苦しく、さすがの一休さんもちとやりにくくなる。

15
発音を調べる

頓智話はさておき、助詞が付かないと、「吉祥寺」を伝統的な尾高で発音したのか、平板型のアクセントで発音したのかという区別がはっきりせず、一概に平板化の流れに飲み込まれたとばかりも言えなくなる。その平板型のアクセントも第二順位として併記してある辞典もあり、にわかに真っ当な雰囲気が漂いだす。一方、伝統的と勝手に信じ込んでいたジョの次を低く発音する中高のアクセントも、第二順位ながら掲げられている辞典もあり、そう悲観したものでもないという気分になった。だが、その辞典で権威のあったはずの尾高のアクセントが第三順位として細々と掲げられていると、また妙な気がしてくる。

ところで、長い間の自然な変化とは別に、なぜこのような急激な平板化の嵐が発生したのだろう。一つは、視聴者参加番組がやたらに増え、身近に感じさせて視聴率を稼ごうとするせいか、ことさら楽屋裏をさらけ出す傾向が生じた。そのため、スタッフ間でやりとりされる業界用語がブラウン管を通じて家庭のお茶の間に入り込む。何度も使うことばほど略語となりやすく、また平板化しやすい。視聴者のほうはそういう楽屋裏のことばを自分も使うことでスタッフ気取りになり、手軽に芸能人の気分を味わえる。そんな風潮もたしかに平板化の波を押し上げている気がする。

昔のアクセントを復旧し、源氏物語を当時の京都アクセントで朗読するのを聞いた記憶があるが、印象に残っているのは、その肝腎のアクセントよりも、現代に比べあまりにもスローペースで読み進められるのに感動したことである。日本人がだんだん早口になり、近年とみにその傾向がはなはだしくなったのだろう。頭高の「人情」に「喜劇」が付いて「人情喜劇」という一つの複合名詞になると、前要素の「人情」の部分が平板化して、全体で最初のキの次に下がる中高のアクセントに変わる。「根に持つ」「目に見えて」といった慣用的な連語も、気が急(せ)いて全体で一語のように意識すると、「根に」「目に」という頭高の前要素が平板化して、それぞれモまたはエの次に下がる中高のアクセントで、全体で一語のように発音する。

さらには、慣用的な連語に限らず、「いい天気」「おいしい料理」のような完全な二語までも、それぞれ頭高の「いい」、中高の「おいしい」が平板化して、テやリョの次で下がるアクセントで、ともにあたかも全体で一つの語であるかのように発音するケースが現れ、それが次第に他のさまざまな連続する二語の間でも起こりやすくなるのだろう。急いでしゃべるときほど、そういう傾向が強くなりそうだ。ちなみに、「早口」というヤの次に下がるこの中高の単語も、平板型のアクセントに移りそうな予感がする。気のせいか知らん？

日本語の平板化がどんどん進めば、いずれ木魚を叩くような音になりかねない。それとは別に、こんな現象も気になる。疑問の気持ちもないのに、ことばの切れ目をいちいち高く発音して一呼吸おく、最近の若い人のそんな話し方が、まず大人の女性に伝染し、とうとう年輩の男性にまで広がった感がある。アクセントの平板化とイントネーションのこの現象とがマッチングすると、一見いや一聴フランス語の響きを連想させ、若い世代は案外いい気分なのかもしれない。

大勢はこういう方向に向かっているように思えるが、まれには別の方向への変化も観察される。『集英社国語辞典』の初版から第三版までの改訂作業で気づいた例を挙げると、名詞では平板型だった「巣」が頭高に、古くは平板型でその後は尾高だった「講義」も頭高に変化しつつあることが判明した。また、「過ぎ去る」「取り巻く」という動詞や、「厚い」という形容詞などでは、平板型から中高に移行しつつあるように見受けられるが、これらの逆平板化現象は単発なので話題になりにくい。

このような日本語の変化の現状がどこまで認可され許容されているかを知りたければ、単語の標準アクセントに関しては辞典を引いて見当をつけることができる。右で話題に取り上げた単語を、まず、手許にある秋永一枝編『新明解　日本語アクセント辞典』（二〇〇一年初刷）に当たってみよう。記述を簡潔にするため、その単語の何番目の拍で下がるかを数字で表示する。頭高は1、中高はどこで下がるかによって分かれ、尾高はその単語の拍数と同じになる。そして、下がる箇所のない平板型は0と表示することになる。

それによると「赤とんぼ」と「影法師」には同じく3とあり、それを現在の標準と認め、（古は1）すなわち、古くは頭高だったという記述になっている。「映画」と「電車」はともに1（新は0）となっているから、頭高が現在の標準アクセントで、近年になって平板型のアクセントが出現したという解釈となっている。「喫茶店」は3と0、中高を標準アクセントとしながらも、平板アクセントも第二順位として認めている。

「自動車」と「自転車」はともに2（新は0）、中高だけを標準アクセントと認め、「映画」や「電車」と同様、平板型を新しいアクセントと位置づけている。「ショップ」も1（新は0）と、頭高だけを標準アクセントと認め、平板型を新しく生じたアクセントと注記する扱いだ。が、「ゼミ」と「ドクター」と「バイク」は1、すなわち頭高だけを標準アクセントと認め、それぞれ平板アクセントの台頭については無視している。

漢語系の「音楽」は1と0、頭高を第一順位としながら、平板アクセントも第二順位として認めている。しかし、「語彙」や「美人」や「比喩」については1、頭高だけを標準アクセントとし、近年の平板化の傾向については無視している。ただし、「模写」は0と1、すなわち、平板型のアクセントを第一順位に立て、頭高のアクセントを第二順位に格付けしている。「事務所」と「事務長」は2、「教授会」は3と、中高の伝統的なアクセントだけを標準と認め、いずれも平板型の新傾向については言及すらしていない。「学部長会」については、用語が日常生活に縁遠いせいか、そういう項目自体が記載されていない。

今度はＮＨＫの『日本語　発音アクセント辞典』で調べてみよう。くにを出る前に丸暗記したあの緑色の本ではなく、今ここにあるのは、それから四半世紀を経た一九七九年刊の黒い表紙の第28刷である。それによると、「赤とんぼ」は3、現在の中高のアクセントだけを標準とし、古い頭高のアクセントについてはふれていないが、「影法師」は3と1、中高のほか古い頭高のアクセントも併記してある。「映画」と「電車」はともに1と0、頭高を標準アクセントとしながら、平板型も第二順位として認めている。「自動車」と「自転車」はともに2と0、これも中高を標準アクセントとしながら、平板型のアクセントをも第二順位として認めている。「ショップ」や「ゼミ」や「教授会」は項目自体が立っておらず、話題になったその他の語は、新明解とほぼ似た見解を示している。

しかし、全体としてみれば、相対的に早く刊行されたこの辞典のほうが、むしろ新しいアクセントを認める傾向にあるようだ。新明解で伝統的な頭高のアクセントしか認めなかった「美人」の項目で、この本が1と0、すなわち、頭高の伝統的なアクセントのほかに、近年むしろ優勢になった感のある平板型のアクセントをも認めているあたりは、その象徴的な姿だろう。この種の辞典は時代の変化に敏感だから、ごく最近の傾向を知ろうと思えば、できるだけ新しい版を参照したい。ただし、若い世代のアクセント傾向である可能性もあるので、鵜呑（うの）みにすると流行の最先端を行く気恥ずかしさも避けられない。逆に伝統的なアクセントを大事に保持したい人物は、ぐっと古い版を眺めつつ、その時代に生きた気分を満喫するのも悪くない。

なお、NHKのこの辞典は、アクセント以外の情報も盛り込んである。一つは、鼻濁音となるべき箇所を明示してあることだ。すなわち、濁音になる部分をガ・ギ・グ・ゲ・ゴで表し、伝統的に鼻濁音で発音してきた部分を、その濁音表示の点々の部分を、半濁音とされるパピプペポに用いる小さな丸をカ・キ・ク・ケ・コの右肩に付した記号を用いて、濁音との区別を試みている。

例えば、「高等学校」の場合は、一語ではあっても、「高等」と「学校」という二つの要素が合体した感じが残っており、それだけ「学校」の部分の独立性が高いのに対して、「小学校」や「中学校」の場合は全体で一語という感じが相対的に強い。そのため、「学校」のガの音が、前者では語頭という意識が働いて鼻濁音で発音しないが、後者では一つの単語のうちの途中の音という意識で、かつては鼻濁音で発音するのが標準とされた。「淡水魚」のギョを鼻濁音で発音する人でも、「淡水漁業」となると鼻濁音にならないのも、同じ理屈である。前者が一単語になりきっているためギョはその途中の音だという意識なのに対し、後者は後続要素の最初の音だという意識があるからだろう。

しかし、時代とともにこういう区別が稀薄になり、そういう習慣がなくなると、どちらも濁音で発音する人が増え、次第に鼻濁音を出す機会が失われて、ついには相当意識しないと出せなくなってしまう。東京の人にそういう傾向が広く見られるようになったあたりから、一般にやかましく言わなくなり、昔の教育であれほど厳格に区別させられた違いなのに、今ではどっちでもいいことになっている。聴き分ける側も感覚が鈍くなり、下手に昔ながらの鼻濁音で発音したりすると、ガ行音をナ行音と聞き違えられ、変な顔をされることもある。

音の響きにこだわるはずの歌手でも、なかなか自然には出ない時代になり、子供の頃から歌手活動を続けているベテランの由紀さおりが、鯉のぼりの歌の「真鯉」「緋鯉」のあたりを歌ってみせ、日本語の美しい響きを大切にするようにと指導するまでになった。山口百恵もデビューして間もない息子を、鼻濁音に気をつけるようにと注意を促して送り出すという。

それでも規範意識はまだ細々と残っているらしく、NHKのアナウンサーはまだ濁音と鼻濁音の区別にいくらか神経を遣っているように思われる。このような発音の辞典でその区別を明記してあるのもそういう配慮からだろう。「案外」「考える」「山岳」「建具」「苦笑い」「寝言」「寝違える」「半額」「髯（ひげ）」「欲しがる」「前借り」「向こう側」「もぐり」「柳」「湯加減」「雪景色」「夜長」「よみがえる」「留学」「林業」「礼儀」「笑い声」など、鼻濁音で発音することが望ましいと判断したことばに、そのような記号で基準を示している。「長靴」などはそれが二箇所もある。

この辞典ではもう一つ、母音の無声化の指示をほどこしている。「住んでいる」が「住んでる」となったり、「このあいだ」が「こないだ」になったりするのは、イという母音や、ノの母音の部分が脱落する現象だが、完全に脱落するところまでいかずに、母音の部分が声にならず息で発音されて無声音に聞こえる現象もある。「菊」のキ、「人」のヒ、「口」のク、「服」のフなど、舌の位置の高い狭い母音であるｉやｕが、ｋやｔやｆなど、声帯の振動を伴わない無声子音に挟まれた場合に起こりやすく、東日本、特に東京でよく観察される現象らしい。「ございます」の最後の音が無声化しやすい東京の人間が、京都人の発音で終わりのスの音が強く響いて聞こえ、異様な感じを受けるのは、京都では無声化せずに最後の母音uが響くからである。

以前、「何とかイモータース前」というバス停のアナウンスが何度聞いても聞き取れないことがあった。降りるわけではないから、わからなくても一向に差支えはないのだが、あるとき看板に「福井モータース」とあるのを見てやっと判明。福井のフもクも、母音のuの部分が無声化したせいで聞き取りにくかったわけだと一人で納得した苦い経験がある。ＮＨＫのこの辞典には、そのように無声化する東京人の発音を標準と判断したらしく、無声化するはずの箇所を記号で指示してある。

「アスファルト」のス、「一筆」のピ、「王室」のシ、「書き加える」のキ、「区画整理」の二つのク、「激痛」のキ、「三角州」のク、「湿気」の語頭のシ、「すっぱい」のス、「ソックス」のク、「確か」のシ、「適当」のキ、「どなりつける」のツ、「なしくずし」の一つ目のシ、「のちほど」のチ、「二十日鼠（ねずみ）」のツ、「ひけらかす」のヒ、「服地」のフ、「牧師」のク、「真四角」のシ、「見つける」のツ、「目下」のシ、「目標」のク、「雪煙」のキ、「洋服」のフ、「予備知識」のシ、「夜更かし」のフ、「ラストスパート」の二つのス、「歴史」のキ、「露出」のシュ、「ロマンチック」のチなどは、無声化するのが標準的な発音だという印に、その無声化の起こる拍のカタカナを◌

で囲う形で表示してある。

イヤウという狭い母音が、無声の子音に挟まれた環境で無声化が起こりやすいという傾向は強いものの、文末でも起こるし、切れ目の意識やアクセントの位置なども関係して、現実はかなり複雑だ。例えば、「翌年」を「よくとし」と読むときはクが無声化するのに、「よくねん」と読むと無声化が起こらないなど、われわれ素人の域を超えている。変に推測するよりは、気になったらこのＮＨＫの辞典を頼るほうが無難かもしれない。

16 文字を調べる

日本語が文字について贅沢な言語であることを指摘し、文章を書くための漢和辞典の利用法を三つ紹介したあと、ユニークな宛て字の辞典を楽しみ、迷いやすい漢字使い分けの手引となる辞典を具体例で詳しく紹介し、最後に、字を上手に書くためのヒントを集めた辞典に言及して実用に供する。

新生児の名づけに算用数字やアルファベットは使えない規則があって、「1郎」とか「A子」とかといった命名は役所で通らない。それでも「大也」と「文人」というひときわ輝く兄弟がいて「ひろや」と「ふみと」かと思うと「ダイヤ」と「モンド」だったという実話もある。ある年にさる大学でローマ字書きの出席簿が配られて往生したことがある。「東保」「和宇慶」という漢字を知らずに「トウボ」「ワウケ」などという姓を見ると日本人を連想しない。「東江」と書いて「アガリエ」と読むのは納得するまで時間がかかるし、「前」と書いて「ススメ」と読む姓など判じ物めいている。「薬袋」で「ミナイ」と読む姓はいまだその謎が解けないでいる。

「カタカナ」「かたかな」「片カナ」「カタ仮名」「片仮名」といった表記の選択など、どれが正しいかというより、どれがわかりやすいか、感じがいいか、周囲となじむかといった判断になる。日本語は文字に関しては実に贅沢な言語だとつくづく思う。

文字について調べるとなれば、真っ先に思い浮かぶのは漢和辞典だろう。今、手許にあるのは、角川書店の『**新字源**』で、小川環樹・西田太一郎・赤塚忠の共編とある。奥付を見ると、霞むような昔、「昭和四十三年」一月に出た初版本だ。

当用漢字、常用漢字、新常用漢字と、時代によって公用文に使える漢字の数はだんだん増えてきた。それによって、ある漢字がその表の中に認められているか、表からはみ出す表外字の扱いを受けるかは、そのつど変わるが、漢字そのものの増減とは無関係である。木の「橋」が石造りになっても石偏に変わることもなく、コンクリート製だからといってコンクリート偏の漢字を増やすわけではないから、生活の変化に応じて新しい漢字が造られることはほとんどない。したがって、ありがたいことに、それから半世紀経った今でも、この古めかしい辞典がそのまま使える。この小さな一冊に親字だけで、国語辞典の単字項目の三倍から四倍にあたる一〇〇〇〇字も収録してあり、ほかに古字や異体字や俗字も記載されているので、漢字に関しては、われわれ素人にはこれ一冊でほとんど間に合う。

最近の国語辞典は、単語だけでなく漢字の項目を設ける例が多いが、全体が五十音順に並んでいるので、その字を読めなければ引きようがない。例えば、「遂行」の意味を調べようとすると、上の漢字の音読みを知っている必要がある。「遂に」と書いてたしか「ついに」と読んだはずだと気がつき、ツイコウと引いてみても、念のためツイギョウと引いてみても、めざす単語は現れない。「殺人未遂」も思い浮かばなければ、漢和辞典の登場となる。

通常、漢和辞典には三つの引き方がある。一つは、その漢字の読み方、音読みすなわち字音か、訓読みすなわち字訓かがわかっている場合である。その場合は、巻末または巻頭にある、漢字を五十音順に排列した音訓索引を利用し、音か訓でその漢字の掲載ページを探して、そのページを開き、該当箇所をつきとめる。

例えば、「滄」や「愴」であれば、その字を知らなくても、右が「倉」だから字音が「ソウ」だという見当がつく。そこで試しに音訓索引で「ソウ」を引いてみる。同音の漢字が多い箇所は画数の少ないほうから並んでいるので、一三画のところを見ると、どちらも予想どおりそこに出ていて、それぞれの掲載ページが示してある。そのページを参照すると、「滄」は「蒼」と同じく「あおあおとした」という意味で、水の青い色を意味する「滄浪」という語例も出ている。一方、「愴」は「魂を失ったように切なく悲しむ」という意味で、「悲愴」などの語例が掲げられている。

また、「麹」や「糀」を「こうじ」と読むことを知っていれば、音訓索引でその箇所を見ると、それぞれの掲載ページが記されている。前者は、米や麦を蒸して麹菌を繁殖させたものを意味し、

16
文字を調べる

後者は、米に花が咲いたように生える黴（かび）を意味することがわかる。

次は、画数の少ない順に並んでいる部首索引を利用して、めざす部首の始まりのページをめくり、知りたい漢字の、部首以外の画数を調べ、画数の少ないほうから並んでいる漢字をたどって、めざす漢字にたどり着く方法だ。

例えば、「紗」は糸偏、「熾」は火偏とわかるから、まず部首索引でその部首の漢字が何ページから始まるかを調べ、前者はその四画、後者はその一二画の範囲から、それぞれ求める漢字を探し出す。前者は字音が「サ」で、「うすもの」の意、「袱紗（ふくさ）」として使われること、後者は字音が「シ」で、「盛ん」の意、「熾烈」として使われることがわかる。

もう一つは、「弟」や「考」のように、どの部首を調べていいか見当がつかない場合、その漢字の総画数を数え、多くは初めのほうにある総画索引を利用して、めざす画数の箇所に並んでいる漢字列の中からその漢字を探し出す方法である。この例の場合は、総画数が「弟」は七画、「考」は六画となり、前者は「弓」の部、後者は「老」の部に出てくる。

「伝」の旧字体である「傳」は、「人」と、「よそへ移す」意の音符から成り立っていて、「他人に移す」ひいては「伝える」という意味を表すと説明されている。また、「尊」という漢字は、両手で酒樽を神に捧げる形からできていて、「尊ぶ」意を表すと解説される。

このように、漢和辞典では、その漢字の成り立ちや本来の意義と用法を説明する。もう少し例を追加すると、「刊」は「刀」と、「平にそろえる」意の音符から成り立っており、「削る」「切る」「刻む」「出版」といった意味に広がったとある。また、「萌」という漢字は、「草」と「かすかにあらわれる」意の音符とから成り、「芽生え」「起こり」「きざす」「耕す」から「民」という意味にまで広がったという。

なお、清流に棲み、美しい姿で珍重される「あゆ」に日本では「鮎」という漢字を用いるが、この文字はもともと「なまず」を意味したらしい。そのため、「なまず」には国字、すなわち和製漢字の「鯰」を宛てて調整しているのだという。なお、中国伝来でなくのちに日本人が漢字に似せて作った文字を「国字」と言うが、これについては飛田良文監修の『国字の辞典』（東京堂出版）がある。

漢字関係では、落合淳思著『甲骨文字小字典』（筑摩書房）という辞書もある。甲骨文字は三〇〇〇年も前の古代中国で使われ、漢字の原型となったが、約四五〇〇あるその甲骨文字のうち、三五〇〇字ほどを取り上げて解説した本である。

いくつか紹介しよう。「人」のもととなった甲骨文字は、人間を側面から見た形で、長髪の人物が杖をついている形が「老」の前身だという。「北」のもととなった甲骨文字は、二人の人間が互いに背を向けた形だそうだ。背を向ける意は「背走」として、また、そこから出てきた「そむく」という意味は「背徳」などに残っている。

「目」は目の形を模したものとすぐわかるが、「耳」も同様らしい。「鳥」も鳥がとまった姿をかたどったもので、上部が頭、下部が足らしい。「火」も火が燃えている形だという。

漢字の音や意味あるいはイメージを利用して、日本人は実に奔放な文字遊びをくりひろげてきた。笹原宏之『当て字・当て読み　漢字表現辞典』（三省堂）は、そういう大胆な試みを実に三〇〇〇〇項目も採録しており、その方面の感動的な労作である。

「達者」と書いて「まめ」と読ませるとか、「五月蠅い」と書いて「うるさい」と読ませるとかは、中高年にとってはさほど珍しい例ではない。「提灯」と書いて「かんばん」と読ませるあたりも、飲み歩く人間にはさほど物珍しい光景ではなさそうだ。「首領」と書いて「ドン」と読ませるのも同様だが、この本には「総長」とか「社長」とかと書いて「ドン」と読ませる例も載っている。

「米国」「英国」と言うように、かつては「亜米利加（アメリカ）」「英吉利（イギリス）」のように、国名をカタカナでなく漢字の音を借りて書き表す習慣があり、「仏蘭西（フランス）」「独逸（ドイツ）」「伊太利（イタリー）」あたりまでは比較的よく知られている。ベルギーが「白耳義」、オランダが「和蘭」、ポルトガルが「葡萄牙」、スペインが「西班牙」、デンマークが「丁抹」となると、知らない人には道筋がたどりにくい。地名でも、「パリ」を「巴里」と書く例は街角でおなじみになっており、「ローマ」が「羅馬」なのも比較的見慣れているし、「ロンドン」が「倫敦」、「ニューヨーク」が「紐育」、「サンフランシスコ」が

「桑港」であるのも、どこかで見たことがあるという段階かもしれない。「ベルリン」が「伯林」、「ハワイ」が「布哇」、「スコットランド」が「蘇格蘭」などとなると、今ではほとんど判じ物じみて感じられることだろう。

「闇」のほか、「宵闇」「夕闇」「暗闇」「闇夜」「漆黒」「暗」「夜」「影」と書いてどれも「やみ」と振り仮名をつける例もある。こうなると、仮名書きを本文にして、右の行間に、小さく振り漢字にしたほうがすっきりしそうだ。「恋敵」や「碁敵」に「ライバル」と振り、「西陽」「夕陽」に「ひ」と振り、「製造」「偽造」「料理」などを「つくる」と読ませるのも同様だ。「親友」「彼女」「先輩」「犯人」「妖怪」「転校生」に「あいつ」とルビをつけるのも、本文で意味を説明し、ルビで読みを案内する手法なのだろう。

「ゆめ」を漢字で「悪夢」「白昼夢」「幻想」「妄想」「過去」「記憶」「追憶」「伝説」「現実」「一瞬」「浮世」「陶酔」「憧憬」「未来」「希望」「野望」「大志」「浪漫」「理想」「生命」「的」「計画」「物語」「幸福」「自由」「学園」などと書き分ける事実を目の当(ま)たりにすると、日本語ってなんて贅沢なんだろうと思ってしまう。「肛門」をもっともらしく「後門」と書いたり、「肉食美女」に「ホルモンヌ」とルビを振って楽しむこともあるらしい。

楽しんでばかりいないで、まっとうな漢字の使い方に話を戻そう。みんなが使い分けに迷う漢字を専門に扱ったものに、飛田良文**『まちがいやすい同音語の　漢字使い分け辞典』**（旺文社）というのがある。実際には、同音語だけでなく、同訓語や類義語まで含め、一六七〇語を収録したと「凡例」に謳っている。

例えば、「有る」と「在る」では、前者は、その存在が認められるという基本的な意味から、所有する、起こるという意味合いともなり、後者は、生存など、その存在が強く意識される場合に用いるという。「絞る」と「搾る」では、前者が水分を取り除く行為なのに対し、後者は中の水分を取り出す行為だとする分析はわかりやすい。また、「民族」と「民俗」とでは、前者は人種・言語・文化の特色を共有する人々の集団、後者は民間に古くから伝わる風俗・習慣で、まったく違う意味になると説く。こちらは一般人の感覚に近い。

もう一つ、**『漢字を正しく使い分ける辞典』**という、そのものずばりのタイトルで、二〇〇六年に集英社から出ている一冊を紹介しよう。帯に「本屋大賞」でなく、なぜか「編集者推薦」とあり、なんと著者が中村明となっている。そういえば、たしか、一般教養のためとか、漢字クイズに挑戦する人向きとかではなく、文章を書く人のためにほんとうに役立つ漢字の辞典を、といった特別注文を請けて、いわば受注執筆した企画だったような気がする。

「はじめに」を見ると、うっかりしやすい誤字を即座にチェックできる虎の巻、どの漢字にすべきか迷ったときに適切なアドバイスをくれる手引、頻出する誤字の一覧表、意味の紛らわしい同音語の区別、同じ単語の微妙な意味の差に応じた漢字の効果的な使い分け、そんな機能を備えた小冊子が手許にあったら、漢字で正しくニュアンスを表現し分けるのに、きっと便利だろう、そんな夢のようなたわごとを述べているから、なければ自分で作ってみようなどと、そのとき著者はそんな大それたことを考えたのかもしれない。

むろん、理想どおりに運ばなかったにちがいないが、それでも次の三種類のねらいを持つ項目群が収録できたようだ。その一つは、〝ニュアンス書き分けガイド〟とでも言うべき性格の語群、例えば、「合う」「会う」「逢う」「遭う」「遇う」「邂う」「逅う」や、「取る」「捕る」「獲る」「穫る」「採る」「摂る」「盗る」「奪る」「撮る」「録る」「執る」、あるいは「元」「本」「因」「基」「素」「下」「許」など、ことばの意味の微妙な差を漢字で書き分けるための語群である。

第二は、〝同音語使い分けガイド〟とでも言うべき性格の語群である。例えば、「移動」と「異動」、「威容」と「偉容」、「管理」と「監理」、「交誼」と「好誼」と「厚誼」、「修行」と「修業」、「清算」と「精算」、「配布」と「配付」、「煩雑」と「繁雑」、「不要」と「不用」、「豊穣」と「豊饒」、「名月」と「明月」、「遊技」と「遊戯」、「露地」と「路地」のような同音語の語群である。

第三は、〝誤字の背景と対策〟といった性格の語群で、これは四つの型に分けられる。例えば、「縁」と「緑」、「殻」と「穀」、「析」と「折」、のように、字形が酷似しているAグループだ。「複」と「復」、「績」と「積」、「畜」と「蓄」のように、同音で字形に共通点のあるBグループ。「解熱」は「下」、「最小限」は「少」、「独占」は「専」というように、意味の関連する同音の別字と紛れやすいCグループ。「首実検」「寺子屋」「絶体絶命」のように、一部に「実験」、「小屋」、「絶対」といった同音の別語を連想しやすいDグループである。この辞典では、そういう型ごとに項目の説明の仕方を調整してある。

いくつか具体例を挙げよう。「畏縮」は、恐れて精神的な伸びやかさを失う場合に用い、「萎縮」は、元気をなくして縮こまる場合に用いる。「押さえる」は力を加えて動かないようにする意で、「抑える」は勢いを封じ込める意とあり、「科料」は罰金より軽いちょっとした犯罪に課せられる財産刑、「過料」は法令の義務違反に対する制裁金だが、紛らわしいので口頭では、「とが料」と「あやまち料」と言い分けることもある。

「御（ぎょ）する」は、自分の意のままに動かす意で広く用い、馬や馬車を操る意に限定して「馭する」とも書く。「勾留（こうりゅう）」は、逃亡や証拠隠滅を防ぐ目的で拘置することで、こちらは刑罰ではないが、「拘留」は刑罰として拘留所に留め置くこと。「時季」はシーズンの意で「時季はずれの野菜」などと使い、「時期」はものごとを行う時を表して「時期尚早」などと使い、「時機」は事を起こす絶好のタイミングの意で「時機を待つ」などと使い分ける。

「校訂」は古典などで各種の異本と照合して字句などの不備を訂正すること、「校定」は書物や文章の語句を吟味して正しい本文を定めることで、両語は区別があるのだが、現実には混乱している例もある。「条令」は箇条書きにした法規、「条例」は地方公共団体が制定する法規だから、

「県のジョウレイ」などの場合は後者を用いる。

「たつ」という動詞にいろいろな漢字を当てる慣習があり、迷うこともけっこう多い。「ビルが建つ」「時間が経つ」「布を裁つ」あたりは比較的迷わずに済むが、「断」と「絶」との区別にはずいぶんと神経を遣う。本来、前者は「刀で切り離す」という意味、後者は「糸を刀で切る」という意味の漢字だから、もともと共通の意味合いが含まれ、なかなかすっきりと切り分けることが困難なのだ。「退路を断つ」「国交を断つ」「酒を断つ」など、切断する意味合いでは「断」を用い、「消息を絶つ」「交際を絶つ」「命を絶つ」「筆を絶つ」など、終わらせるという意味合いでは「絶」を用いるのが適切だが、「断絶する」という意味合いでは、その漢語のとおり、「断つ」とも「絶つ」とも書くことがある。

「穣」は実りゆたかな意で「五穀豊穣」などと、「饒」は土地が肥えている意で「豊饒な土地」などと、「壌」は肥えた土地そのものをさして「豊壌の恵み」などと使い分けるには、相当の知識が必要だ。

「物影」は物の姿の意で「障子に物影が映る」などと使い、「物陰」は物に隠れて見えない場所をさし、「物陰に潜む」などと使うから、まるで違う意味なのだが、こちらは案外うっかりしやすいかもしれない。

「海草」は海中に生える被子植物の総称で、「海藻」も同じく海中に生えるが、こちらは隠花植物、緑藻類・褐藻類・紅藻類の総称でアオサ・ワカメ・ヒジキ・テングサなどが含まれる、というふうに同音の両語はもともと学術的には別のものをさしている。だから、「海藻サラダ」が正しいのだが、広く「海草」を使う俗用があって、実生活では混乱するケースもある。

「文字を調べる」の項の最後に、続木湖山・佐々木寒湖『**字の上手になる辞典**』（旺文社）を紹介する。これは小学生のためにコツを伝授しようとした本だが、こうしてことばで説明されると、大人も大いに参考になる。何となく勘で見分けていたのが、すっきりするような気もする。

例えば、その漢字の出来上がりのイメージをつかませるために、おおよそどんな形になるかをあらかじめ示すような指導も入る。「八」「入」「止」「上」「人」「大」という漢字はおおよそ三角に、「下」は逆三角形にといった指示がそれにあたる。「花」「休」「先」「村」「林」は四角に、「木」「本」「名」は真四角に、「月」「男」「中」「虫」は縦長の四角形に、「空」はやや縦長の四角に、「夕」は斜め細長の四角形に、「六」は横長の四角にというふうに、細かい指示が入ることもある。そして、「力」は平行四辺形に、「女」「小」「水」という字は全体がおおよそ菱形に、「千」は下のほうが長い菱形にという指示になる。「九」「火」「気」「犬」「見」「左」「正」「生」「石」「足」「土」「文」「立」は台形に、「金」「山」「早」は五角形に、「青」「赤」は六角形にという指示もあり、まず仕上がりのイメージをつかませてから、細部に入る指導である。

例えば、「三」という漢字は、全体として裾の広い台形にとイメージを描かせてから、一画目と二画目は短めに、三画目は長めにとか、横画の間を均等にとか、一画目は上に、三画目は下に反るとかといった細かい指導もある。

両親の間に子供を挟んで三人で寝る姿を古くは「川の字」になって寝るなどと形容したものだが、真ん中の二画目は子供だから短い。「川」の要領は、間隔を均等にすることと、三本の縦画の書き出しの位置をほんの少しずつ上から書き始めるのがコツだという。

17 特殊用途辞典

日本語の一部に焦点をしぼった辞典のうち、『外来語辞典』の利用法、四字熟語だけを集めて解説する辞典を紹介したあと、反対語だけを集めた辞典や、擬音語・擬態語だけを扱うオノマトペの辞典、それに比喩起原の語を扱う〝たとえことば〟の辞典や逆引き辞典を紹介しよう。

日本語の全体的な語彙を対象にした辞典とは別に、その一部分に注目してまとめた特殊な辞典をいくつか紹介することにしよう。

対象を外来語だけにしぼった本格的な辞典、荒川惣兵衛の『**外来語辞典**』（角川書店）は外来語だけで約二五〇〇〇語も収録してある労作だ。

今ここにある楳垣実編『**外来語辞典**』（東京堂出版）でも、比較的小型の辞典ながら、それでも一万数千語を採録してあり、かなりの情報が得られる。その外来語がどこの国から伝わった何語で、日本ではどういう意味で使われているかといった最小限の情報は国語辞典を見ても得られるが、いつ頃から日本で使われだしたかといった情報はほとんど得られない。

この外来語辞典で、例えば、「アイスティー」の項目を引くと、「氷片入りの紅茶」という意味記述のほか、原語は英語のiced teaで、大正年間に伝わったという情報が記載してある。国語辞典では通常、伝来時期までは記載されていないし、外来語の語形が、原語のdに相当する音が落ちていることもわかる。

英語であってもアメリカ的な用語である場合は、米国を意味する記号で区別してある。次に「デルタ」と引いてみると、英語の綴りと「三角州」という意味のほか、それが昭和に入ってから使われだしたこともわかり、また、ギリシャ文字「デルタ」の字形がΔであるところからそういう意味になったという補足的情報も添えてある。

「キャスト」では、大正時代に英語のcastが入って来たものだが、原音は「カースト」に近いこと、また、国語辞典にも載る「映画や演劇の配役」という意味のほか、工学用語として「鋳造」の意味でも使われるといったことまで記載されている。

「タバコ」という項目を引くと、ポルトガル語のtabacoが入って来たもので、室町時代から使われだしたこと、「多葉粉」「煙草」「莨」といった漢字が宛てられてきたこと、また、一六〇七年の『慶長日記』に用例があることのほか、語源は北米の西インド諸島のハイティ語tabako（「パイプ」の意）で、スペイン語を経て、ポルトガル語から入ったとある。

「トランプ」という項目には、英語のtrumpという単語に発したことから始まり、「カード遊び」

と日本語での意味が記してある。続いて、鎌倉時代にあったこの種の札遊びは「カルタ」と呼んで区別した旨の説明があり、原義は「切り札」だが、それが切り札遊びの意に転じたため、その遊びや遊び道具の名称となったという説明もあって、明治初期に使われ始めたことなどが記されている。

漢語に関しては、岩波書店辞典編集部編の『四字熟語辞典』というものが出ている。「一石二鳥」や「五里霧中」などのように、四つの漢字が一体となることで特別な意味を持つ、そういう厳密な意味での「四字熟語」だけでなく、「意志薄弱」や「質実剛健」のように二字漢語が組み合わさっただけのものや、「象牙の塔」の「の」を「之」と漢字で記したもの、さらには、訓読みをする「津津浦浦」や「九十九髪」「九十九折」などをも含めて、要するに漢字四つが慣用的に一つのかたまりとして固定的に使われる表現を集め、見出し項目約三〇〇〇を掲げ、意味を解説してさまざまな補説を添えた構成になっている。

いくつか具体的な例を紹介しよう。「愛及屋烏」は、愛は屋根の上の烏にも及ぶという意味で、人を愛すると関係するすべてに愛情が及ぶことのたとえになっていると説明し、「坊主憎けりゃ袈裟まで憎い」の逆としている。「飲灰洗胃」は、灰を飲んで胃を洗うの意から、過ちを悔い改めて出直すことのたとえとなっている。「益者三友」は正直な人、誠実な人、博学な人が友人にふさわしいという意味で、『論語』に出てくるという。「応機立断」は、よい機会をとらえて素早く決断する意と述べている。

「隔岸観火（かくがんかんか）」は、つまり、「対岸の火事」で、他人の災難を傍観する意という。「玩物喪志（がんぶつそうし）」は、どうでもいい珍奇な物に気をとられていると、大事な志をなくしてしまう意らしい。「兼愛無私（けんあいむし）」は、自他の別なく広く人を愛する意で、『荘子』から出たことばのようだ。「交淡如水（こうたんじょすい）」は「交わりは淡きこと水の如し」と読み下し、淡泊ながら深くいつまでも変わらない交際を評した、これも『荘子』中のことばという。

「洒洒落落（しゃしゃらくらく）」は、「しゃれ」ではなく「しゃらく」と読む「洒落」を強調した語で、性質や言動などがさっぱりしていて、こだわらないさまを言う。「水到渠成（すいとうきょせい）」は、水が流れておのずと溝となるように、学問を究めれば自然に道理がわかるというたとえ。中国南宋の思想家である朱子のことばらしい。折しもこの原稿を執筆している座敷の壁に、このことばを墨書した作家小沼丹の色紙が掛かっている。近所の千川上水のことらしい。「滄海遺株（そうかいいしゅ）」は、青海原に取り残された真珠の意から、世間に知られないでいる立派な人物のたとえとなる。

「飛花落葉（ひからくよう）」は、春咲く花もやがて散り、木の葉も秋には落ちるという意味から、世の移り変わりをたとえる無常観を述べたことばだ。「粉愁香怨（ふんしゅうこうえん）」は、「粉」はおしろい、「香」は香料をさし、美人が愁いに沈み、怨めしそうにしているさまの形容らしい。「柳暗花明（りゅうあんかめい）」は、柳が茂ってほの暗く、花が明るく咲いている春の美しい風景をさす。「弄巧成拙（ろうこうせいせつ）」は、技巧に走ってかえって失

17
特殊用途辞典

敗すること。「和敬清寂（わけいせいじゃく）」は「和」と「敬」は茶室での主人と客の心得、「清」と「寂」は茶庭・茶室・茶具に関する心得として、千利休が茶道の精神を表すとしたことばという。

このままの形では国語辞典の項目となっていない例も多く、硬質の文章にゆたかな表現を求める人には、力強い味方となるだろう。

次に、中村一男編『**反対語大辞典**』（東京堂出版）という特殊な辞典を紹介する。「坊主憎けりゃ袈裟まで憎い」の逆は何かと、表現を探すことがよくある。「上」と「下」、「右」と「左」、「大きい」と「小さい」、「深い」と「浅い」のように、常識的にすぐ頭に浮かぶケースは問題がないが、「賢明」と「暗愚」、「重厚」と「軽薄」、「高尚」と「低俗」あたりになると、ぱっと浮かんでこないこともある。

また、「部分」の反対は「全体」であって「全部」ではないとか、よく「自由と平等」と言われるが、「自由」の反対は「不自由」か「窮屈」であって、けっして「平等」ではないという。「本宅」の反対は「別宅」であって「別荘」ではないという。「愛妻」と「恐妻」は反対語ではないといった妙に考えさせられる例も挙がっており、恐妻家は妻を憎んでいるわけではなく、自分が養子か、甲斐性（かいしょう）なしか、隠し女があるかして、妻に頭が上がらないだけなのだと、具体例で解説するのがおかしい。

「忠」と「孝」、「愛国」と「売国」も反対語という関係にはないとする。「重油」と「軽油」、

「大麦」と「小麦」が反対語でないのはわかりやすい。似非（えせ）反対語として、「娼妓（しょうぎ）」と「芸妓（げいぎ）」を挙げ、身を売るか芸を売るかという点が対照的なだけで、現実には、身を売る芸妓も、芸を知らぬ芸妓もいないとは限らないと、「えせ」と判断する根拠を述べたりするあたりは妙に参考になる。「羽織」と「袴」、「桜餅」と「柏餅」などが出てきたりするのには思わず笑ってしまう。「古事記」と「日本書紀」、「早稲田」と「慶応」との関係なども同様だとある。

　右のように選定基準を明らかにした上で、「置き屋」と「揚げ屋」、「片思い」と「相思相愛」など約二〇〇〇〇組の対義語・対照語を「反対語」として掲載した辞典である。

「異臭」と「芳香」、「色気」と「食い気」、「うなずく」と「かぶりを振る」、「表向き」と「内実」、「仮設」と「常設」、「求職」と「求人」、「強盗」と「窃盗」、「雑然」と「整然」、「自筆」と「代筆」、「悄然」と「昂然」、「信念」と「疑念」、「前座」と「真打（しんうち）」、「退去」と「侵入」、「直喩」と「隠喩」、「当日」と「他日」、「長雨」と「通り雨」、「入札」と「落札」、「飲み込む」と「吐き出す」、「端本（はほん）」と「完本」、「彼岸」と「此岸（しがん）」、「風袋（ふうたい）」と「正味」、「便意」と「尿意」、「滅ぼす」と「興す」、「正夢」と「逆夢」、「店開き」と「店じまい」、「珍しい」と「ありふれた」、「家主」と「店子（たなこ）」、「優待」と「虐待」、「用心」と「油断」、「利己」と「利他」、「臨床医学」と「基礎医学」、「露見」と「隠蔽（いんぺい）」、「我に返る」と「我を忘れる」など、反対の意味になることばがさっと浮かばない折の助けになる。

17
特殊用途辞典

次に、オノマトペ、いわば音真似ことばの辞典を紹介しよう。「め」「かお」「て」「あし」「こころ」「くさ」「やま」「うみ」など、ほとんどのことばは、そういう音とその語の意味とが何の関係もない、単なる約束ごとでできており、いわば記号に過ぎない。ところが、「キンコンカン」とか「オギャア」とかということばは、その形の表す音が鐘の音や赤ん坊の泣き声という現実の音と密接に結びついていて、「クンスゲヨ」とか「イモソミフリ」とかといった鐘の音、あるいは、「セトンキニ」とか「フレニャクス」とかといった泣き声などと勝手に言い換えるわけにはいかない。つまり、それぞれ実際の音響を連想させる必要があり、両者の間に何らかのつながりが感じられる範囲に制限されるため、勝手にきめるわけにはいかないのである。

また、音でなく形状や感じを音で象徴的に表す「くにゃくにゃ」「ずっしり」「だらだら」などを含め、オノマトペすなわち擬音語・擬態語は、こんなふうに珍しく音と意味とが結びつく例外的なことばなのだ。そういう特殊な語彙に特化した辞典である。

天沼寧編『**擬音語・擬態語辞典**』（東京堂出版）は、そういう点に着目した先駆的な試みと言えるだろう。巻頭に「擬音語・擬態語について」というオノマトペの概説が付いている。六〇ページほどもあり、当時としては新しい見解に満ちていたと思われ、ほとんど研究論文の感を呈している。この種のことばは音構成がまったく自由というわけではなく、形を見るだけでいかにもオノマトペらしく感じられるほど、その語形がある一定の範囲におさまるという。そのタイプを拍数ごとにいくつかのタイプに分類している。

ある音をＸＹＺＷ、長音を：、基本の形に付く促音をｔ、リ音をｒ、撥音をｎという記号で表すと、二拍では「スイ」「ペタ」などのＸＹ型、三拍では「ダラッ」「ピリッ」などのＸＹｔ型や、「カッカ」「セッセ」などのＸｔＸ型や、「スーイ」「ビューン」などのＸ：Ｙ型、四拍では「ガリガリ」「ショボショボ」などのＸＹＸＹ型や、「アタフタ」「ノラクラ」などのＸＹＺＹ型や、「ゴッソリ」「メッキリ」などのＸｔＹｒ型や、「ウンザリ」「ニンマリ」などのＸｎＹｒ型というふうに、四拍までのオノマトペを三一の型に分類してみせる。

そのほか、五拍では「ダックダク」「ホッカホカ」などのＸｔＹＸＹ型や、「コテンパン」「ドンピシャリ」など、二拍と三拍との組み合わせ、六拍では「チラリホラリ」「ノラリクラリ」などのＸＹｒＺＹｒ型や、「キンコンカン」「ピンポンパン」などのように二拍を三つ重ねる型などを加えている。

本文は、雨が激しく降る音を表す擬音語であり、水が強い音を立てて流れ落ちる様子を表す擬態語ともなる「ザアザア」など、多様なオノマトペを対象に、新聞や雑誌などから使用された実例を集め、五十音順に排列したもので、「あっぷあっぷ」「いちゃいちゃ」「うろうろ」「えっちらおっちら」「おどおど」「がしゃーん」「きらきら」「くしゃん」「げらげら」「ごしごし」「ざわざわ」「しとしと」「ずばり」「せっせ」「ぞろぞろ」「だらり」「ちくたく」「つるり」「でれでれ」

「とっぷり」「なよなよ」「にやり」「ぬるぬる」「ねちねち」「のこのこ」「ばたん」「ぴーちく」「ぶよぶよ」「ぺったんこ」「ぽん」「まごまご」「みしみし」「むずむず」「めろめろ」「もたもた」「やきもき」「ゆらゆら」「よたよた」「りんりん」「れろれろ」「わいわい」「わんわん」など、約一〇〇〇項目が、いずれもいくつかの用例付きで掲載されている。

例えば、「ぎくぎく」の項目には、「ものの活動動作などの運びが滑らかでなく、擦れたり、ひっかかったりする時などに出る音。また、その様子」という説明があり、「ぎくぎく、ぽきぽきと音が聞こえてきそうで、見ているほうの肩がこる」という朝日新聞の例が添えてある。「さくっ」という項目を引くと、「適切な堅さの物などを、一気に切ったり、強い力を加えたり、かみ切ったり、裂いたりする時に出る音。また、その様子」という説明に、「さくっと歯にしみるりんごのおいしさ」という産経新聞の例などが続く。

オノマトペは、日本人なら説明しなくとも何となくわかるという思い込みがあり、また、感覚的なものだから解説するのがむずかしいということも重なって、国語辞典にはよほど有名で説明するまでもない語形以外は立項されていないのが現実だから、そこにこの種の辞典の存在意義がある。

ちなみに、「ぴしっぴしっ」という項目もあり、「むち・棒などで、勢いよくたたいたり、物が割れたり、破裂したり、勢いよく当たったりした時などに出る音」である「ぴしっ」という音が連続して出る音や様子という解説のあと、「オンザロックのなかで、ぴしっぴしっと快音をたてて、太古の空気が逃げ出すところはちょっとしたもの」という毎日新聞の例が出てきて、はっとした。昭和四七年、すなわち一九七二年暮れの新聞だから、これは南極の氷にちがいないと、妙なことを思い出したのだ。その頃国立国語研究所に在職中で、やはり国立の科学博物館とバレーボールの親善試合があった日、勝敗さえ記憶にないのに、試合後の懇親会で南極の氷を味わったことだけは鮮明に覚えている。南極観測隊の一員として帰国した博物館員がその貴重な氷のかけらを持参し、選手一同、「ぴしっ」という音の直後に、その「太古の空気」をありがたく味わったことがあったからである。

ほとんど独力でまとめたこの辞典が出てから約三〇年を経て、二〇〇三年に山口仲美編『**暮らしのことば　擬音・擬態語辞典**』(講談社)が刊行された。B5判で六〇〇ページにも及ぶ大著である。用例の採集や執筆が編者を筆頭に十数名の共同作業で行われただけに、項目数が見出しだけで一七〇〇に近く、用例も豊富で、新聞・雑誌のほか、古典から現代に至る短歌・俳句・詩・小説など、多数の文学作品中の例が収録されている。

例えば、「えへへ」という項目では、「心の内を隠して場を取り繕うような笑い声」という解説に、「博士ですか、エヘヘヘヘ。博士ならもうならなくてもいいんです」という夏目漱石『吾輩は猫である』の例を添えている。「ぎゃーぎゃー」という項目は三つの意味に分かれ、①の「赤ん坊や幼児が激しく泣きわめく声」には式亭三馬の『浮世風呂』から「子どもらが目をさまして、ギャアギャア吼(ほえ)る」という例を、②の「鳥や獣の鳴き声」には「鷺が、まるで雪の降るように、ぎゃあぎゃあ叫びながら、いっぱいに舞いおりて」という宮沢賢治『銀河鉄道の夜』の例を、③の「あれこれ騒ぎたてる様子」には太宰治『正義と微笑』から「けさも教室でひとしきり、ぎゃあぎゃあ大騒ぎ」という例のほか、「派閥がぎゃあぎゃあ言うのはおかしい」という『週刊現代』の例も載せている。

「さめざめ」には、「涙をたくさん流しながら、声を立てずに泣く様子」として井伏鱒二『黒い雨』の例を挙げたあと、「眼の縁には涙をさめざめと湛(たた)えながら」という谷崎潤一郎『痴人の愛』の例や、「(森が)さめざめと光りながら」という『銀河鉄道の夜』の例などを示し、用法の幅を示している。「ちゃきちゃき」の項目でも、漱石『夢十夜』から「ちゃきちゃきと鋏を鳴らし始めた」という典型的な例を挙げたあと、室生犀星『続女ひと』の「一人でちゃきちゃきやって」、木下尚江『良人の自白』の「若手の売出しのチャキチャキ」、「チャキチャキの毎日」、「下町生まれでチャキチャキした語り口」といった新聞の例などを掲げている。

「なよなよ」には、泉鏡花『高野聖』の「(馬の)脚もなよなよとして」という例のほか、「弱々しくはかない」意で「なよなよとして、ものも言はず」という『源氏物語』の例などもあげ、「なよ」が「萎(な)ゆ(萎える)」に通うという語源にも言及している。何となく時を過ごす意の「のらくら」には、「のらくらや勿体なくも日の長さ」という小林一茶の俳句の例が、「はたはた」には、「はたはた駆けよって」という樋口一葉『たけくらべ』の例が載っており、「ぴしゃん」には、「ぴしゃんとその戸を閉めて」という島崎藤村『破戒』の例が、「べちゃくちゃ」には、「いつもべちゃくちゃ盛んにしゃべっている娘共」という森鷗外『雁』の例が載っている。

また、「低く小さい声でとりとめもなく話す様子」を表す「ぼじゃぼじゃ」という珍しい擬態語には、「なんだかぼじゃぼじゃ言われたが、一向分らぬ」という川端康成『十六歳の日記』の例が、木などがきしむ音を表す「みりみり」には、「粗末な松板で拵えた出来合の棺桶はみりみりと鳴った」という長塚節『土』の例が、「もぐもぐ」には、「口のあたりをもぐもぐさせる癖」という漱石『こころ』の例などが並んでいる。「重量のある物が、ゆるやかにしなうように揺れる様子」を表す「ゆっさゆっさ」には「高いポプラがゆっさゆっさ風にそよいでいる」という林芙美子『放浪記』の例が出ている。

　ふらつきながら歩く様子をさす「よたよた」では、「母のいる所までよたよた歩いて来て」という漱石『彼岸過迄』の典型的な例を示したあと、「ひ弱い気持がよたよたしていた」という幸田文の『こんなこと』中の抽象化した例を添え、そのあと参考として「与太郎」の「よた」との関連につき語源的考察を試みている。江戸から明治にかけて「与太者」「与太話」「与太を言う」「与太る」といった派生語が生まれたらしいが、ふらふらしていて真っ直ぐ進めないこの「よたよた」のイメージが重なっているのではないかという仮説は興味深い。

落ち着かずに動きまわる様子を表すという「わさわさ」という珍しい擬態語には、「一トしきりうちじゅうをわさわさとして」という幸田文『流れる』の例を引き、たくさんある様子を表す場合は「わっさわっさ」とも言うとして、「そこ（アテネ）の連中がワッサワッサやったことが西洋の古典となった」という渡部昇一『国民の教育』の例を挙げている。また、犬の鳴き声の代表的な擬音語「わんわん」には、江戸時代より前は「びよ」「びょう」と聴き写していたと、狂言『柿山伏』の例を引き、英語の「バウワウ」に通じるバ行音だったことを注記するなど、歴史的変遷にも配慮してある。

あやうく忘れるところだったが、中村明という人の『**分類たとえことば表現辞典**』（東京堂出版）も、特殊な用途の辞典に位置づけられるだろう。「号」が「叫ぶ」という意味だとわかれば、「号泣」「号令」「怒号」などの意味はすぐわかる。ところが、「推敲」や「矛盾」となると、中国の故事を引いて説明されるまで、それぞれどうして「表現を練り直す」とか、「つじつまが合わない」とかという意味になるのか、見当もつかない。その「つじつま」も今ではわかりにくいかもしれない。「辻」は裁縫で縫い目が十文字に合うところで、「褄」は着物の裾の左右が合うところをさすところから、全体で、きちんと合うべき物事の筋道を意味することになる、そういった背景がわかってやっと納得する。

酒好きを俗に「左利き」と言うのは、ほんとの酒飲みになると、他人に酌をしてもらうのが待ちきれず手酌でぐいぐいやるから、その際、右手で徳利を傾け、左手の盃（さかずき）に受けてそのまま口に運ぶことになるので「左利き」と言うのだと思いやすい。もっともらしいが、実は「鑿（のみ）」を持つほうの手を同音の「飲み手」に掛けた駄洒落から来ているらしい。

「頭でっかち」「合わせる顔がない」「顎（あご）で使う」「首を長くする」「目から鱗（うろこ）が落ちる」「眉を開く」「口から先に生まれる」「鼻持ちならない」「口をぬぐう」「唇を盗む」「咽喉（のど）から手が出る」「耳にたこができる」「歯に衣（きぬ）を着せない」「肩を持つ」「腕に縒（よ）りをかける」「手を合わせる」「爪に火をともす」「足が出る」「脛（すね）に傷を持つ」「二の足を踏む」「腰が低い」「尻に火がつく」「胸を焦がす」「腹を探る」「心臓に毛が生える」「腹わたが煮えくり返る」「臍（ほぞ）を嚙む」「背を向ける」「骨を折る」「一肌脱ぐ」「皺（しわ）寄せ」「青筋を立てる」「神経を逆撫（さかな）でする」「身を粉（こ）にする」など、日本語には身体部位を用いた比喩的な慣用句が極端に多い。

また、「日和見（ひよりみ）」「一雨ありそう」「雪解け」「嵐の前の静けさ」「風の吹きまわし」「雲を霞と」「霞を食う」「黒い霧」「雷を落とす」「青天白日」「日の目を見る」「月に群雲（むらくも）花に風」「綺羅（きら）星の如し」「堰（せき）を切る」「地に落ちる」「上げ潮のごみ」「波に乗る」「流れを汲む」「河岸（かし）を変える」「深みにはまる」「あとは野となれ山となれ」「取り付く島もない」など、自然現象にちなむ慣用表現も豊富だ。

17
特殊用途辞典

この辞典は、巻末の五十音順索引で各項目を引き出し、意味の背景を知って納得する便宜を図りながら、全体の構成としては、この国の風土になじみ日本人の才気が生み落とした、そういう〝たとえことば〟の世界を一望できるよう、イメージの系統に沿って排列することにより、日本人が思い描いた比喩的発想の広がりの全貌を一つのパノラマとして展望しようとした試みである。

キーワード別に頻度を調べると、「目」が最も多く、以下「風」「手」「水」「馬」「花」「火」「頭」「猫」「口」「石」「犬」「雲」「鼠」「虫」「虎」「尻」「腹」「牛」「舌」「鳥」「山」「足」「鼻」「血」「烏」「刀」「夢」「薬」「屁」「雨」「腰」「蛇」「身」「矢」などと続く。ちなみに、「月」「耳」などが三七位、「猿」「鬼」「首」などが四三位、「海」「酒」「雀」などが五七位、「胸」「糸」「地獄」などが六五位、「女」「心」「星」などが七四位にランクイン。「蟻」「火事」「豆」「狼」「臍」など一八の項目が同列で九五位に並んでいる。

一位の「目」の部分には、〈人体〉の部の〔目〕の箇所に、「目が利く」「目がない」「目から鼻へ抜ける」「目で殺す」「目の上の瘤」「目の玉の黒いうち」「目もあてられない」「目をつぶる」「目を光らせる」など六五項目が並び、ほかに〈動作・行為〉の部の〔擬人化〕の箇所に「目は口ほどに物を言い」という項目が収録されている。

二位の「風」の部分は、まず〈気象・天象〉の部の〔気象・天文〕の箇所の「風が起こる」「風が吹けば桶屋が儲かる」に始まり、「明日は明日の風が吹く」「どこ吹く風」「旋風」「無風」

などが並ぶ。そして、〈自然〉の部の〔地勢〕の箇所にある「波風」や、同じ部の〔植物〕の箇所に出る「柳に風と受け流す」、〈人間〉の部の〔人体〕の箇所の「肩で風を切る」、〈社会・生活〉の部の〔日用品・道具〕の箇所の「一生は風の前の灯」、〈抽象〉の部の〔色・形態・様相〕の箇所の「春風駘蕩」「秋風が立つ」「秋風索莫」や「隙間風は冷たい」などに散らばっている。

例えば、「手の舞い足の踏む所を知らず」という項目には、中国の『詩経』から出たことばで、「喜びのあまり自然に手と足が踊り出す意から、うれしくて堪らないようすのたとえ」という解説があり、「相場が決まっている」という項目には、「商品が取引されるその時その時で値段が相応に決まっている」意から、「いつもそのように決まりきっている」という意味合いで使うという解説に続き、「昼はカレーかラーメンと相場が決まっている」という使用例が添えてある。「得手に帆を揚げる」という項目では、「船の帆を揚げると風をはらんでいっそう調子よく進む」というもともとの意味から、「得意なことをする絶好の機会に恵まれ、快調に事を進める」ことのたとえになるといった解説がほどこされている。

俳句人口の多いところから、句作を試みる現代人のための辞典も出ている。学研辞典編集部による『**詳解俳句古語辞典**』（学習研究社）もその一つだ。古語を使い慣れない人のために語釈を付け、その語を用いた例句を並べたものである。「性」を引くと、①性格②運命③慣習と言い換えて意味を示し、「みちのくのつたなきさがの案山子かな」（山口青邨）などの句を添えてある。また、「ささめごと」と引くと、①内緒話②むつごと、とあって「月のあかるさ旅のめをとのささめごと」（種田山頭火）の句がある。「されども」には「男憎しされども恋し柳散る」（鈴木真砂女）とあって、おやおやと思う。

ずばり『**五七語辞典**』（三省堂）と名乗る本もある。佛渕健悟・西方草志編とあり、初心あるいは独学の実作者の参考に五音や七音のことばを例示し、それに自分でことばを加えれば、労せずして一句ものにできる万能薬となる。例えば「岸」の項には「岸うつ波よ」「岸辺目に見ゆ」など、「朝」の項には「春の曙」「朝風や」など、「落」の項には「鮎落（あゆおち）て」「落椿（おちつばき）」などとある。

ここまでは、それぞれ観点は異なっても、ともかく日本語のある種の語彙を扱った特殊辞典であった。この項の最後に、きわめて特殊な辞典を紹介しよう。それは『**逆引き　広辞苑**』（岩波書店）である。「犬」「ラシーヌ」「テリーヌ」「マドレーヌ」「絹」「死ぬ」「ままならぬ」「風と共に去りぬ」「えも言われぬ」「セザンヌ」と並べても、この一〇語にどういう関係があるのか、さっぱり見当もつかないだろう。意味的にどうつながるかを考えていると、頭の体操どころか、頭の芯からくたくたにくたびれてしまうこと請け合いだ。意味のつながりなど念頭になく、単語の音構造に着目した語群なのだ。すなわち、どのことばもすべて「ヌ」の音で終わるという共通点がある。意味とは何の関係もないその「ヌ」という語末音を有する単語のいくつかを、その直前に来る音、「犬」ならイ、「ままならぬ」ならラ、「セザンヌ」ならンに注目し、その五十音順に並べたグループを例示したものだ。これだけでも、この辞典の特色を知る見本となるはずだ。

とはいえ、こんなことを知っていったい何になるのだろうと、呆(あき)れるかもしれない。たしかに、日常生活で情報伝達の効率を上げるような実利は何もない。しかし、時には耳に心地よく響き、時には小粋に、時には笑いを誘う、そんな言語表現の遊戯的な方面で効果をもたらすこともたしかである。

日常生活でも、「リブ　ラブ　アソブ」というマンションの広告や、「楽天　仰天　一八点」という新聞のスポーツ面の見出しを目にすることもあった。「実用　教養　御愛用」などという調子のいいことばも見たような記憶がある。

今は逆転したかもしれないが、昔は「男は度胸、女は愛嬌」と言ったものだ。「男はたくましく、女はかわいらしく」でも意味は大差ないし、どちらもシクで終わっているが、まったく意味の違う「度胸」と「愛嬌」がともにキョー音で終わる意外性をつきつけるこの文句は魅力的だ。

「驚き、桃の木、山椒の木、狸にブリキに蓄音機」などということば遊びは、その最たるもの。意味のあるのは「驚き」だけで、「桃の木」以下の五つの名詞は単に、「驚き」の語末音キに合わせて並べたものであり、意味には何の関係もなく、情報伝達上はまったくの無駄だが、表現の調子のよさが人を楽しませる。

小津安二郎の映画『早春』に、こんな場面が出てくる。生まれ故郷を聞かれ、「土佐だ」と答

17
特殊用途辞典

えた男が、「坂本龍馬の生れたとこだ」と自慢げに一言添えたばっかりに、相手から「龍馬も生れりゃ、頓馬も生れるな」とからかわれる。ともに「馬」の付く「龍馬」と「頓馬」とがともに語末音がマで共通して脚韻を踏むため、漫才じみたやりとりに快調のテンポをもたらしている。

　同じ音で始まる単語を探すには国語辞典で間に合うが、同じ音で終わる単語となるとそうは行かず、自分で考え出さなければならなかった。ことばの魔術師だった井上ひさしなどは、実際に自分でそういうノートを作っていたにちがいないと思われるほど、鮮やかな手並みを見せた。

　一つ二つならともかく、いくつもそろえるとなると、ふつうの人間には大変な手間がかかる。そんなことば遊びを楽しみたい場合に、この辞典が役に立つのである。しかも、一つの語末音だけではない。ルカで終わることばは「海豚」と「遥か」以外に何があるか、リフダで終わる単語は「切り札」だけだろうか、そんな一風変わった興味で活用したい。

「囲い」「賢い」「せこい」「しつこい」「ちっこい」「懐っこい」「どっこい」「初恋」「めんこい」は終わりがコイとなっている単語のグループである。「委細」「異彩」「愛妻」「快哉」「掲載」「水彩」「制裁」はイサイで終わる単語のグループ、「交際」「相殺」「秀才」「仲裁」はウサイで終わる単語のグループだが、前者に「お茶の子さいさい」が加わり、後者に森鷗外の『渋江抽斎』が割って入るのを見ていると、よくもまあ、素知らぬ顔で、と思いたくなるほど、滑稽な事実が転がっている。

18 分野別語彙表

同類の語や関連する語を収集して分野別に排列する試みとして、『角川類語新辞典』と『類語大辞典』を紹介したあと、文章表現に手軽に利用できる『新明解類語辞典』を例に、〝日本語の地図〟とも言うべき特性を具体的かつ詳細に解説し、利用の仕方を案内する。

本を読んでいて、わからないことばが出てきたら、どうするだろう。わからないままに放っておく人が多いような気がする。全体の要旨がつかめるなら、細かい部分にこだわる必要がないからだ。しかし、その語が要旨に関係するかもしれないと気になる人や、知らないままでいると沽券にかかわると思う人は、辞書で調べようとする。その際、読めない漢字でない限り、たいてい国語辞典を引いて調べるだろう。五十音順に並んでいるから、読み方が正しければ、その項目に容易に行き着き、語釈を読むことでひととおりの理解が得られることが多い。

一方、文章を書いている途中で、適切な表現が思いつかない場合はどうするだろう。候補となりうる表現群は五十音順に並んでいないので、五十音順の辞典では引きようがない。その場合、自分でひょいと思いつけばいいのだが、うんうん唸って考えていても、なかなか浮かばないことが多い。そんなときに、ことばの音ではなく、意味ごとに整理された語彙表のようなものでもあれば、それをヒントに適切な表現にたどり着く可能性が高まる。そういう役を果たすと期待されるのが、類語辞典というものの存在意義なのだ。文語体でしゃべったり随筆を書いたりする現代人は皆無に近いが、文語で和歌や俳句を詠もうとする人は多い。その意味で、国語辞典が理解のための拠りどころであるとすれば、類語辞典は表現のための拠りどころであると言えるだろう。

古語については芹生公男『**現代語から古語が引ける　古語類語辞典**』（三省堂）という長い書名の辞書が出ている。全体が現代語の五十音順に排列してあり、「あかご」に「片子（かたこ）」「手童（たわらわ）」「稚児（ちご）」「手児（てこ）」「ひよひよ」「嬰児（みどりご）」、「ききめ」に「甲斐（かい）」「験（げん）」「しるし」など、「さびしい」に「あはれ」「うらさぶ」「こころすごし」など、「手」に「かひな」「ただむき」、「鼠色」に「鈍色（にびいろ）」、「船乗り」に「水夫（かこ）」「船人（ふなびと）」など、「目覚める」に「おどろく」など、「雪解け」に「雪消（ゆきげ）」などが並ぶ。

現代語で、全面的な語彙ではなく、紛れやすい類語の使い分けを示したものとしては、広島大学系の藤原与一・磯貝英夫・室山敏明『**表現類語辞典**』（東京堂出版）がある。規模は一二三二種の類語グループ、計八三六一語に及ぶ。「明らか」（佐藤春夫『田園の憂鬱』）・「明瞭」（夏目漱石『坊っちゃん』）・「明白」（芥川龍之介『羅生門』）・「明晰」・「瞭然」・「はっきり」（森鷗外『山椒大夫』）・

「定か」・「ありありと」（三島由紀夫『潮騒』）・「歴然」、「さすらい」・「放浪」・「流浪」（堀辰雄『大和路』）・「浮浪」（梶井基次郎『檸檬』）・「漂泊」・「漂流」（野上弥生子『海神丸』）、「内緒」（島崎藤村『破戒』）・「内密」（辻邦生『天草の雅歌』）・「内内」（横光利一『紋章』）・「極秘」（『天草の雅歌』）・「秘密」（野上弥生子『大石義雄』）・「ひそか」（梶井基次郎『城のある町にて』）、「毎日」（谷崎潤一郎『細雪』）・「日々」（正宗白鳥『微光』）・「日ごと」（永井荷風『すみだ川』）・「連日」、「やむない」・「余儀ない」（二葉亭四迷『平凡』）・「よんどころない」（『平凡』）というふうに、各グループの単語に近現代文学作品二八九編から採集した実例を可能な限り掲載してあるのが特徴である。

今も手許にある懐かしい『**角川　類語新辞典**』の第二刷には一九八一年三月の刊行とある。初版刊行のわずか二ヵ月後に出たものらしい。浜西正人の長期にわたる編纂作業の途中から大野晋が加わってまとめた二人の共著である。収録語数は、日常生活に必要な現代語を中心に、連語・慣用句・諺などを含め、約六〇〇〇〇語と凡例に謳ってある。本格的な類語辞典の先駆的な役割を果たした一冊と言えるだろう。その後の変遷や現状については情報を持たないので、もっぱらこの版について紹介する。

全体を大きくA自然、B人事、C文化に三分し、Aを【自然】【性状】【変動】に、Bを【行動】【心情】【人物】【性向】に、Cを【社会】【学芸】【物品】に、計一〇分類する。次に、それぞれを、【自然】は〔天文〕〔暦日〕〔気象〕〔地勢〕〔景観〕〔植物〕〔動物〕〔生理〕〔物質〕〔物象〕に、【社会】は〔地域〕〔集団〕〔施設〕〔統治〕〔取引〕〔報道〕〔習俗〕〔処世〕〔社交〕〔人倫〕に、というふうに、それぞれをすべて一〇分類する。そして、そのそれぞれについて、例えば〔生理〕は〈生命〉〈生死〉〈成育〉〈発病〉〈生理〉〈呼吸〉〈血行〉〈排出〉〈分泌〉〈生殖〉に、〔集団〕は〈群衆〉〈集会〉〈加入〉〈団体〉〈軍隊〉〈党派〉〈界〉〈家庭〉〈社会〉〈国家〉に、というふうに、また、それぞれを一〇分類する。ここまでで、10×10×10で総計ちょうど一〇〇〇のグループにきれいに分類され、各グループに０００〜９９９の三桁のコードが与えられている。

日本語がこんなふうに規則的に整備されるなどとこれまで考えたことがなく、もしも日本語がこのとおりすっきりと体系化されるものなら、まさに名人芸だと感動した。日本人は何という几帳面な秩序正しい民族なのだろうとしばし感慨にふけったかもしれない。

事実、「軽妙」「絶妙」「玄妙」「霊妙」だとか、「結う」「解く」「梳(と)く」「くしけずる」「刈り込む」「刈り上げる」だとか、「作者」「筆者」「書き手」「著者」だとか、「むしゃくしゃ」「むかむか」「むかっと」「かっと」「かっかと」だとか、「恋文」「艶文」「艶書」「ラブレター」「付け文」だとか、「台所」「勝手」「炊事場」「調理場」「くりや」「厨房」「キッチン」だとか、「印章」「印形(いんぎょう)」「印判」「判」「はんこ」から、「スタンプ」「爪印(つめいん)」まで並んでいるから便利だ。

しかし、冷静に考えてみると、例えば、０２４〈雪〉には、「雪」から始まり、「白雪」「粉雪」「細雪(ささめゆき)」「綿雪」「初雪」や「霰」「雹」などの間に、「豪雪」「積雪」、あるいは「霜雪」などが現れるから、中身を眺めると、すべてすっきりと美しいとばかりも言っていられない。193の〈並み〉には、「普通」「尋常」以下、「人並み」「平凡」「有り触れた」などが並ぶ中、「月並み」「類型」などが交じり、さらには「抜群」「随一」「絶倫」「日の下開山」「同日の論で無い」などが続くから、ちょっと無理をしていることがわかる。

そもそも、人間という気ままな動物の開発した言語が、こんなふうに10×10×10の、ちょうど一〇〇〇に分類されること自体が奇跡的で、とうてい自然な現象だとは思えないのである。

それから二〇年ちょっと経った二〇〇二年の一一月に、柴田武・山田進編『**類語大辞典**』（講談社）という、総ページ数約一八〇〇で、見出し語総数約七九〇〇〇項目と謳う、とてつもなく大きな類語辞典が現れた。当然ながら、項目執筆には、中心となった二人の編者以外に数十名の国語学者が加わっている。

各語には7桁のコードがあてはめられており、その順に整然と排列されている。最初の2桁は「飲食」「苦悩」「傲慢」「獲得」「生産」「大」「悪」といったカテゴリーの別、次の2桁はそのカテゴリーの小分類で、「飲食」のカテゴリーであれば、「食べる」「なめる」「飲む」「吸う」「味わう」というグループの別を示す。5桁目にアルファベットの小文字が挟まり、動詞、形容詞、副詞などの品詞、名詞はさらにモノ・ヒト・トコロ・トキなどに区分した情報を加え、最後の2桁で「見やる」「見向く」「仰ぐ」「見返す」あるいは「きょろきょろ」「伏し目」「流し目」「視点」

といった個々の語を特定する。例えば、「運試し」は1604h08、「口説く」は3507a27、「ごそごそ」は5803f26となる。

このカテゴリーがまた、00から99までちょうど一〇〇分類してあり、品詞類の情報を示す記号もまた偶然かaからちょうどzまでとなっている。余談だが、執筆中のこの本、実は偶然二六の章立てになったのだが、これをa～zとすると嘘っぽいのでためらっているところだ。ともあれ、自然界や論理の世界では考えにくいまでに、日本語のことばの総体が、きわめて整然とした語彙表として提示されているのは圧巻である。

それでも、そこから、自分の表現したい候補としてめざす語群にたどり着くのはかなりの労力を要する。「厚かましい」から「図々しい」「臆面もない」「人を人とも思わない」「厚顔無恥」「傍若無人」「おめおめ」「所構わず」などがまとまって出てくるのはありがたいが、ちょっととまどうケースも出てくる。ようやく「決」のグループにたどり着くと、そこには「思い切り」「民族自決」「約束」「掟」「清規」「国文法」などが列挙してある。「ちょい役」を探し出して、そこに「馬の脚」が出てくるのに不思議はないが、ほかにも「突っ込み」「キャラクター」「劇団」などが一堂に会する。「暗黒」を探しあてて、「百鬼夜行」「アナーキー」「蕪雑」「ぼさぼさ」「混沌」などが目に入ると、われわれ素人はいささか当惑する。学問的な一大成果であるが、日常生活で使いこなすのはけっこう大変かもしれない。とはいえ、学術的な成果として金字塔を樹立したことは間違いない。その功績は特記されるべきだろう。

誰でも日頃手軽に引いて具体的に役に立つ類語辞典をめざしたのが、『三省堂　類語新辞典』だが、そこで編集主幹を務めた中村明という人が、その約五〇〇〇〇項目の語彙に新たに約七〇〇〇項目を増補し、もっぱら実用上の観点から全面的に見直して再編し、巻末の図版とともに、B6判一六〇〇ページというハンディーな形にまとめたのが『**新明解　類語辞典**』（三省堂）である。この本を紹介して、この項を結ぼう。

「日本語の地図」と題する「はしがき」に、国語辞典という読解・聴解のための索引から、類語辞典という表現のための地図へという道案内が付いている。意味を無視して機械的に「気温」「擬音」「祇園」と並ぶ排列では風景が見えてこない。「音節」と「音素」に挟まれた「温泉」には風情など感じられないが、地図上の温泉は、近くの町や山や森との位置関係から、そこに至る道路や鉄路の姿を含め、現実を映す道案内となっている。風景の中にある「温泉」は、「出で湯」や「名湯」「秘湯」「霊泉」「鉱泉」「冷泉」などに囲まれて、のどかに湯けむりを上げているなどと、ちょっぴりおどけながら、現実を映すことばの地図としての類語辞典というものの姿を描いてみせる。

意味の類縁関係で展開するこの種の辞典では、いかに客観性を意図しようと、全体像をどうとらえ、どのように切り分け、それらをどんなふうに関連させるかという作業過程の背後に、その

18
分野別語彙表

人間の世界観ともいうべき思考と感性の網が張りめぐらされていることに気づく。日本語の宇宙という四次元の存在を、地図という平面に投影し、揺れ動くその姿を自分なりに解釈して静止画像に収めた、いわば手作りの概念図であるかもしれない。

日本語の地図として全体像を【自然】【人間】【文化】に三分し、【自然】の部は〔天文・気象〕〔物象〕〔土地〕〔自然物〕〔植物〕〔動物〕に、【人間】の部は〔人体〕〔生理〕〔関係〕〔属性〕〔感性〕〔活動〕に、【文化】の部は〔社会〕〔生活〕〔学芸〕〔産物・製品〕〔抽象〕〔認定・形容〕に、それぞれ六分して計一八の〝ジャンル〟を設定した。

次に、それらの各ジャンルの中をそれぞれ細分し、〈天候〉〈地形〉〈哺乳類〉、〈病気〉〈職業〉〈感情〉、〈政治〉〈交通〉〈位置〉といった計一〇九の〝分野〟を設け、それぞれをさらに細分して、(空)(燃焼)(島)(景色)、(表情)(汗)(女)(味)(土木)、(伝統)(金融)(放送)(音楽)(薬品)(模様)といった数多くの〝領域〟に区分し、各領域に「快晴」「名所」「妊娠」「真似る」「消える」「運転」「悪口」「時計」「永久」「度合い」「忙しい」などを筆頭とする、さらに多くの〝語群〟を配属させている。

日本語の語彙を以上の【部】・〔ジャンル〕・〈分野〉・(領域)・「語群」という五段階のレベルに分けて整理を試みる過程のどのレベルでも一〇なり一〇〇なり一〇〇〇なりというきっぱりした数字を意識せず、自然に任せた結果、やはりそういうきれいな数字にはまとまらなかった。故郷の廃家を思い描くなら、日本の国土を例えば【東北】といった地方に大別し、それを例えば〔山形県〕といった都道府県に分け、それぞれの中を例えば〈鶴岡市〉といった都市などに分け、それをさらに例えば（山王町）などと小分けする行政区画になぞらえるならば、めざす「語群」は何丁目にあたり、行き着く一語は何番地かに相当する、そんな位置づけになるかもしれない。

各レベルでの道標を頼りに、意味分野から最適表現へのアプローチを試みると、例えばこうなる。ある人に心惹かれる気持ちは「情」か「情け」か「人情」か、それとも「情熱」か「熱い思い」か、「熱を上げる」程度もあれば、「燃え上がる」「情炎」もある。「恋慕」か「思慕」か、それとも「欲情」か。「恋しい」と「慕わしい」は少しずれ、「慕う」「気がある」「心を寄せる」もみな微妙に違い、「思い焦がれる」「心を寄せる」「ぽうっとなる」あたりから、「ぞくぞく」っと「震えが来る」と、「めろめろ」になり、やがて「くにゃくにゃ」になる。「夢中になる」段階を過ぎて、「首っ丈」となり、ついには「沈没」する。

谷崎潤一郎の小説『細雪』がきっかけになって、索引でその刺激語「ささめゆき」を引くと、「淡雪」「綿雪」「牡丹雪」「粉雪」の次に出てくるし、「氷雨（ひさめ）」につられて索引から〈雨〉領域の「雨」語群まで傘なしに足を伸ばすと、そこには驚くべき「雨」関連の表現の沃野が広がっていて、「雨もよい」「雨模様」、「お湿り」「遣らずの雨」、「小雨」「涙雨」「微雨」「細雨」「小ぬか雨」から「どか雨」「篠（しの）突く雨」、「村雨」「驟（しゅう）雨」「白雨」、「日照り雨」「狐の嫁入り」などを挟んで、「春雨」「五月雨」「菜種梅雨」から、「地雨」「淫雨」「秋霖」「時雨」、そしてその「氷雨」へと季節の雨が並び、「本降り」「土砂降り」から「降り頻(しき)る」「降り募る」「そぼ降る」「ぱらつく」へと降り方もいろいろ、その折の音や様子を形容する「ぽつりぽつり」「しとしと」「ざあざあ」といった多種多様なオノマトペも豊富である。

そうして、ある一語にたどり着くのが目的だが、その機会にぜひとも周囲を眺めまわし、そこに展開する風景を楽しみたい。例えば、「雪解け」になり谷間の雪が「消え残る」、その直後に、〈雲〉領域が隣接し、「巻層雲」「積乱雲」といった学術的な名称のほか、「白雲」「茜雲(あかねぐも)」「黒雲」から「浮雲」「千切れ雲」「鰯雲(いわしぐも)」「鱗雲(うろこぐも)」、あるいは「雨雲」「入道雲」「雷雲」、そして、「飛行機雲」も並ぶ。同じく〈風〉の領域では、「北風」、「そよ風」「軟風」「突風」「疾風」「暴風」から「つむじ風」「追い風」「逆風」「夜風」などへと進み、「春一番」「花嵐」「薫風」と季節が移り、「すず風」「木枯らし」「寒風」が吹いて、「凱風(がいふう)」「松風」「浜風」などへと並ぶ、捨てがたい「風」景が展開する。

農耕民族であった日本人が、天気に注目して雲のたたずまいを眺め、雨や雪を気にかけて風の行方を追ってきた結果、このような分野や領域にいつか膨大な量の語彙が形成されたのだろう。「波」「小波」「高波」「荒波」「男波(おなみ)」「女波(めなみ)」「白波」「徒波(あだなみ)」「津波」「夕波」から「波頭」「波間」「波の花」あるいは「航跡」まで、波に関する語彙もゆたか、「浦」「入り江」「海辺」「浜辺」「州浜」「渚（なぎさ）」「波打ち際」「磯」「みぎわ」「水辺」「磯辺」など、海と陸との境界をさす用語も多いのは、日本人が海洋民族でもあった反映だろう。

四季の変化に敏感で、それを風流の域にまで高めてきた日本人は、「木の葉」一つを眺めても若々しい「双葉（ふたば）」「若緑」から、すがすがしい「新緑」「青葉」を経て、はなやかな「紅葉」となり、時には「わくら葉」となり、やがて「枯れ葉」「落ち葉」となって一生を終える。「月」を眺めるにも、「明月」「名月」「夕月」「有り明けの月」「三日月」「弓張り月」「望月（もちづき）」「おぼろ月」「寒月」などと呼びわけ、生活の伝統を残す言語遺産としてきた。

こうして立体的にとらえる試みによって、現実の語彙構造の幅と厚みに感覚的に近づき、そこから言葉が立ち上がってくるような空気が生まれれば理想的である。

19　類義語の区別

意味のほとんど差のない同義語、あるいは、よく似た類義語の組み合わせを取り上げて、その間の微妙な意味の違いを解明する試みのうち、先駆的な『類義語辞典』と個人の分析である『基礎日本語辞典』を中心に紹介し、その応用編にあたる例解辞典類にも言及したい。

「類語」という同類のことばの集まりの中で、意味のよく似た語、すなわち類義語の使い分けには特に神経を遣う。その点に特化して編まれた先駆的な試みが、徳川宗賢（むねまさ）・宮島達夫編『類義語辞典』（東京堂出版）である。言及しているのは三〇〇〇語弱で、必ずしも多くはないが、国語辞典には記載されにくい意味の対比的な違いが説明されている。

例えば、「一方」と「他方」あるいは「片方」は互いによく似ているが、けっして同じではない。「片方」が「両方」に対立する概念であるのに対し、「一方」は「他方」と対立している。そのため、「家の片方」といえば、家を二つの側に分けてとらえたものだが、その家が「一方は見晴らしがいいが、他方は森に囲まれている」といった場合、見通しの利かない側が一方向から三方向まで考えられるとする。

「遅い」と「のろい」もよく似ているが、「遅い」が時刻や速度を客観的にとらえているのに対し、「のろい」は速度のみを対象にマイナス評価が入る。また、「削減」は予算や人員などについて用いられるが、「軽減」のほうは税金・苦痛・責任など負担になる対象に限られている。「重要」という語が公的・客観的に用いられるのに対し、「大切」「大事」という語は私的・主観的にも使われるため、「重要な茶碗」といえば文化財などが連想され、「大切な」あるいは「大事な」とすると、思い出の品なども含まれるのだとする。

「繁華」は、店が建ち並び、客で繁昌しているという意味合いになるが、「賑やか」のほうは、陽気な話し声や楽器などが中心で、一時的な状態にも言う。同じくぎこちない危なっかしい歩き方の形容でも、「よちよち」は子供か家鴨に使い、「よろよろ」は酔っぱらい・病人・老人に用いる。また、「夜」が自然現象なのに対し、「晩」は人が起きている間の夜をさし、あくまで人間の生活が軸となっている。さすが国立国語研究所の両先輩、なるほどと感服する。

一般の国語辞典が意味分類を中心とするのに対し、森田良行著『基礎日本語辞典』(角川書店)は、日本人ならわざわざ辞書を引かないような基本語について、類義語や対義語などの関連語との意味や発想の違いを考え、基本的な意味から派生的な意味の生ずるメカニズムを探った辞典である。例えば、「壁」という語は、隔てや仕切りの役を果たす一方、外との通行を遮る障害ともなるところから、比喩的に「壁に突き当たる」「壁に阻まれる」「壁を設けて他人と交際しない」というような用法へと広がってゆくことを総合的に解説する。

また、「長い」という単語は、①「長い川」「長い小説」のように、一般や標準より線的な隔たりが大きいという意味のほか、②「長い顔」「長い机」のように、絶対的な長さとは別に、縦と横、幅と長さ、間口と奥行など平面的な不均衡を意味する場合もあるが、対義語とされる「短い」には、この②に相当する用法がない、というふうに、基本的な意味からの広がりを、関連語との比較をとおして総合的にとらえようとした研究辞典の労作だ。

遠藤織枝・小林賢次・村木新次郎ほか編『**使い方の分かる 類語例解辞典**』（小学館）は、一〇の大分類、二〇〇の中分類をほどこした計二〇〇〇の類語グループについて、意味・用法の比較を試みた辞典である。例えば、「息」「呼吸」のグループでは、「苦しい」「止まる」の主語としては両方使えるが、「呼吸」のほうは「吸う」「吐く」の主語にはなれない。「根性」と「性根」は「腐っている」と言えるが、「心根」は「やさしい」、「気心」は「知れない」として使う。「時間」は「惜しい」も「もったいない」も使えるが、「昔の手紙だが捨てるには」と来れば「惜しい」、「御飯を捨てるとは」と来れば「もったいない」が自然で、「惜しいところで失敗した」という例に「もったいない」は使えない。「食費」に対しては「倹約」も「節約」も使えるのに、「時間」や「水」に対しては「節約」しか使えない。

「指」は「しなやか」と言えるが、「態度」は「やわらかい」か「柔軟」であり、「感触」となると「やわらかい」しか使えない。「雨脚」も「腕」も「鈍る」と言えるが、前者は「弱まる」、後者は「弱る」となり、「決心」は「鈍る」、「視力」は「弱る」、「日差し」は「弱まる」が自然だ。また、「字」については「下手」も「まずい」も「つたない」も使えるが、「絵」や「嘘」となると「下手」が一般的だ。例文の中での自然さの検討から、用法の微差をとらえる試みである。

同じく小学館から出ている林巨樹監修の『**現代国語例解辞典**』は、五十音順のふつうの国語辞典の中に、そういう類義語対比の表を挟んであるのが特徴である。例えば、「危ない」の項目に「危うい」との比較が出ている。それによると、「命が危ない」「危ないところを助かる」の場合は「危うい」とも言えるが、「危ない手つき」「落石だ、危ない」の場合には「危うい」は使えず、逆に、「危うく間に合った」の場合には「危ない」は使えない。

「心」の場合は「通う」「通ずる」、「意味」の場合は「通ずる」「通る」の両方が使えるが、「学校」は「通う」、「事情」は「通じる」、「検査」は「通る」しか使えない。また、「進歩」や「得点」には「着実」、「投資」や「守備」には「堅実」が自然であり、「家庭」は「貧乏」でも「貧困」でもいいが、「暮らし」は「貧乏」、「政治」は「貧困」に限る。

森田良行『**日本語の類義表現辞典**』（東京堂出版）は、国語辞典の語義解説ではふれられない、さらに紛らわしい表現の意味の微差に特定し、鮮やかに区別して説いてみせた類義表現の研究辞典である。「窓が開いている」でも「窓が開けてある」でも「窓を開けてある」でも、素人はほとんど同じような意味だと思って日頃あまり気にしないが、それぞれにみなニュアンスが違うのだという。「窓が開いている」は、窓が開くという作用の生起した結果の開放状態が現在まで引き続き残っていること。「窓が開けてある」は、誰かが窓を開けるという意思的な他動行為のおこなわれた結果、対象に起こった状況変化、すなわち開放状態が、その後変化せずに継続している残存状態を現時点で眺めるという事実認定の意識なのだという。一方、「窓を開けてある」の場合は、ある目的に備えて行為者がわざわざ窓を開放状態にしておくという手回しのよさを述べる文になるというのである。

ほかにも、「練習する」と「練習をする」、「眼鏡をかけた人」と「眼鏡をかけている人」、「三時半ごろだ」と「三時半ぐらいだ」、「なければならない」と「なければいけない」、「酔ったようだ」と「酔ったらしい」、「会えないはずだ」と「会えるはずがない」、「母だけに話す」と「母にだけ話す」、「犯人は逮捕された」と「犯人が逮捕された」、「手に触れる」と「手を触れる」、「先生に褒められた」と「先生から褒められた」、「友達に比べて」と「友達と比べて」、「東に向く」と「東を向く」、「寒いから窓を閉めた」と「寒いので窓を閉めた」、「春が来れば花が咲く」と「春が来たら花が咲く」といった紛らわしい例を取り上げ、両表現の微妙なニュアンスの差を分析してあり、ことば好きには読み応えがある。

20 語感を推し量る

国語辞典がことばの意味の解説を中心とするのに対し、ことばのもう一つの側面である〝語感〟に注目した唯一の辞書である『日本語 語感の辞典』を具体的かつ詳細に紹介し、理解のための国語辞典と対峙する、表現のための辞典として、その活用法を案内しよう。

「あした」も「あす」も「明日（みょうにち）」も、現代語としては「きょう」の次の一日をさすから、意味の面では差がない。しかし、テレビの天気予報ではきまって「あすの天気」と言い、「あしたの天気」という言い方はほとんど聞かない。日常会話でも、「あした行くよ」「あす伺います」「明日まいります」というようなバランスで使い分けているような気がする。

「御飯」と言えばすぐ茶碗を連想するが、「めし」と言うと丼の連想も働く。「ライス」となると、家庭ではなく店で出てくる大きな平皿のイメージがぴったりする。また、「女」という語は子供にも違和感なく使えるが、「女性」となると高校生に使うのもためらわれ、大人という雰囲気が強くなる。「女子」という語はふつう学校の生徒やスポーツ選手あたりにぴたりとはまり、ごく若い女性を連想させやすい。もっとも近年は、そういう語感を利用し、永遠の若さを追う夢を乗せて「女子会」と称するものが横行し、年齢制限なしに使われるという社会現象が起こっている。社会的責任を伴う「女性」より気楽なのだろうが、いささか大人げない気もする。

「工場」を「こうば」と読むと、小規模で設備の古い印象が強くなり、「出身地」より「ふるさと」のほうが懐かしく、「出身校」より「母校」のほうが甲子園で応援したくなる。「いで湯」は「温泉」以上にゆったりと寛ぐ気分になるし、「入浴後」より「湯上がり」のほうが、ビールが断然うまい。

こんなふうに、何をさすかという意味がほとんど同じだからといって、どの語を使っても同じ効果が現れるわけではない。どんな場合に、どんなニュアンスで、どの語を使うのが効果的か、これはもう意味だけの問題ではなく、語感ひいては文体の問題でもある。

表現対象の性質や場面の状況、伝える相手や自身の気持ちなどを総合判断して、話し手や書き手は最適の表現を決定する。その際、言語感覚の鋭い人は、その場にふさわしい表現を的確に判断し、きっぱりと最適の一語を探り当てる。そこにたどり着くには、まず意味の面から、「人類」「人間」「人」「人物」「人材」、「宵」「晩」「夜」、あるいは「本降り」「大降り」「土砂降り」「ざあざあ降り」といった類義語群の間の語義の微差を明確に識別し、さらに、「夕方」「夕刻」「夕暮れ」「夕間暮れ」「日暮れ」「たそがれ」、あるいは「失敗」「失態」「しくじる」「抜かる」

「とちる」「ぽか」「ミス」「エラー」といった同義語群の間の微妙な語感の差を敏感に感じ分ける。

そういういわば職人芸をなしとげる基本的能力を養うことをめざし、蛮勇をふるって一一〇〇〇余にも及ぶことばの感覚面に切り込み、時代性を反映するはずの語感を、大胆にもたったひとりで勝手に辞典の形にまとめて世に問う、そんな無謀な実験が出現した。二〇一〇年晩秋の一大事件である。

それが、中村明、どこかで聞いたような名前だが、その人物？ 人？ 者？ やつ？ の著書『**日本語　語感の辞典**』（岩波書店）である。前にふれたサンキュータツオ『国語辞典の遊び方』で、「雰囲気を自在に操るスペシャリスト　語感くん」と評した一冊だ。そこでは「偉大な学者の集大成的なお仕事」などと、指導教授にひどく気を遣っている。言われてみると、数年にわたって暴力的な著述の嵐が吹き荒れたかもしれない。現物を手に取って、ちょいとその中身をのぞき、現地の風向きと風速を体感してみよう。

例えば、「縁故」と引くと、「親戚を中心に親しい知人など、血縁や交友による人と人とのつながりをさして、会話にも文章にも使われる、いくぶん古風な感じの漢語」と意味と語感の解説をほどこし、「縁故者」「縁故関係」「縁故採用」「縁故を頼る」と、よく使われる慣用的な表現例を列挙したあと、補足的説明として、「就職などで自分が有利になるために利用するイメージがあるが、「縁故をたどる」のように、「ゆかり」の意で単に物事のつながりをさす用法も生きている」ことを指摘し、最後に「コネ」「つて」「手づる」と、参照すべき類義語が並べてある。

そこで、「コネ」を引いてみると、「縁故関係など何らかのつながりの意で、主に会話に使われる、やや俗っぽい表現」と解説し、「コネがある」「コネをつける」「コネを利用する」と慣用的な表現例を示し、「コネクション」の略と補足してある。

次に「つて」を引くと、「伝」と漢字表記があり、「人と人とのつながりの意で、会話や軽い文章に使われる和語」と解説し、「いいつてがある」「つてを頼る」「つてを求める」と慣用的な表現例を並べたあと、補足的説明として「親戚などを連想させる「縁故」に比べ、もう少しつながりが薄い感じがある」と記し、さらに「手づる」ほど目的意識が露わでないことを指摘してある。

今度は「手づる」を引いてみると、「依頼したり交渉したりする際の手掛かりという意味で、会話にも文章にも使われる、やや古風な和語」と解説し、「手づるを求める」「手づるを探して宣伝してもらう」という慣用的な表現例を示してある。

国語辞典と同様、全体が五十音順の排列になっているが、項末に列挙してある、参照すべき類義語にしたがって、このようにそれぞれの項目にあたれば、その間の微妙な関係をたどることができる。この著者は朝日新聞に毎週土曜、二年間にわたって、「サザエさん」の隣に『ことばの食感』と題するコラムを連載したが、大胆にもその第一回に、「真っ裸」はアナログ、「素っ裸」はデジタルという突拍子もない珍説を開陳して、読者の度肝を抜いたような記憶がある。「真っ赤」「真っ正直」などの「真」類と、「素足」「素肌」などの「素」類との違いを洞察した結果らしいが、こういうとっさの思いつきが、このユニークな辞典の持ち味なのだろう。「裸」になったついでに、略式の定期健診として、ひとつ日本語クリニックの検尿に立ち会ってみたい。

五十音順に、まずは、「おしっこ」。そこには、「小便の意で、主に会話によく使われる日常的な和語」という解説に続き、「おしっこが出る」「おしっこを我慢する」という慣用的な表現例を示したあと、補足的な説明として、「類義語中で最も一般的に頻用されるが、もと幼児語だけに学術的な会話や硬い文章などにはなじまない」とあり、「小水」を参照させ、「しょうべん」「しょんべん」「尿」を類義語として列挙してある。

次に「小水」を引くと、「小便の意で、改まった会話や文章に用いられる漢語」という解説に続き、「小水が近い」「お小水を採って調べる」という慣用的な表現例があり、補足的説明として、「間接的な表現のため上品に響くが、しばしばさらに「お」を付けて丁寧にした「お小水」の形で用いられる」とあり、「女性だけでなく医者の診察の際などにもよく使われる」ともある。

今度は「小便」を見てみよう。まず、それをふつうに「しょうべん」と読む場合は、「膀胱(ぼうこう)から尿道を通って体外に排出される液体」と意味規定を行い、「主に男性が改まらない会話や軽い文章などで使う、露骨でぞんざいな感じの日常的な漢語」と、その文体的レベルを示し、「立ち小便」「小便をする」「小便をもらす」という慣用的な用例を並べたあと、織田作之助の『アド・

バルーン』から「余りのうれしさに、小便が出そうになって来た」という実例を示し、補足的説明として、もっとくだけると「しょんべん」と発音することもあると注記してある。

その「しょんべん」という項目では、「小便」の意で、「男性がごくくだけた会話で使うことのある俗語」と文体的レベルを示したあと、「しょんべんをひっかける」という慣用的用例を添え、補足的説明として、「しょうべん」の音転で、「連れション」「アメション」なども同類という情報を加えてある。

「小用」を「こよう」と読む場合と「しょうよう」と読む場合の両方の項目も立項されている。前者では、「小便をする意の婉曲な言い方として会話にも文章にも使われる古風な表現」という解説に続き、「小用を足す」という慣用的な表現を示し、芥川龍之介『老年』に出てくる「そこで一緒に小用を足して、廊下づたいに母屋の方へまわって来ると」という実例を掲げ、補足的な説明として、「排尿の行為を暗示する表現であり、尿そのものはささない」と記されている。一方、後者の項目には、「こよう」の意で改まった会話や文章に用いられる古風で固い漢語と、その意味と語感を解説し、「小用に立つ」という慣用表現を添えたあと、「表向き「ちょっとした用事」というぼかした表現で、音読みして威厳を漂わせる分「こよう」以上に婉曲な感じに響く」と補足的説明を追記してある。

また、「尿」という項目では、「小便の意で、学術的な会話や医学的な内容の文章などに用いられる客観的な感じの専門用語」と解説したあと、「尿の検査」「尿に血が混じる」という慣用的な表現例を示し、補足的説明として、行為をも意味する「小便」「おしっこ」とは違い、「小水」同様もっぱら排出された液体をさすという意味範囲の違いにも言及している。さらに驚いたことに、「水を流して下さい」という小便所の注意書きの「水」という字に手を加えて「尿」に変形させた落書きがあったという昔見届けた無駄話まで得意そうに添えて、「手段と対象という差はあっても同じ結果になるからそれなりに有効で、機転が利いている」などと、辞典らしからぬエッセイ調の記述に仕立てているのは、どういう料簡か知らん？ なんだか都の西北の方角にある大学の今は無き学生会館の一景のような気がするが、はたして事実は？

ちなみに、「給与」という項目には、「給料」という意味で、「改まった会話や文章に用いられる正式な感じの漢語」という文体的レベルの解説に続き、「給与明細」「給与所得」「給与を支払う」という慣用的な用例を示したあと、補足的説明として、「給料」に比べ、支払う側の連想が強い、といった大胆な見解を発表している。

一方の「給料」という項目では、「継続する労働に対する報酬として定期的に支払われる金銭の意で、会話にも文章にも使われる日常の漢語」という意味と語感の解説に続き、「給料日」「給料が安い」「給料が上がる」「給料を前借りする」という慣用的表現を列挙し、さらに、「上等兵と一等兵の給料の差額」という大岡昇平『わが復員』からの実例を添えてある。

きりがないから、最後にもう一つ、俗っぽい単語の例を示そう。「ちっちゃい」という項目には、まず「小さい」から音変化した俗っぽい口頭語という解説に続き、「赤ん坊のちっちゃい靴下」「ちっちゃい時からピアノを始めた」という慣用的な表現例を示してある。「ちっぽけ」という項目では、「小さく貧弱なという意味の俗語」という解説に続き、「ちっぽけな庭」「ちっぽけな会社」という慣用的な用例を添え、「大きさだけを問題にする「ちっちゃい」に比べ、評価が入る」という補足的説明に加え、「謙遜しての用法も多い」という独自の見解を示したあと、「爺さんの前にちっぽけな祠（ほこら）があって、そこに高さ二尺ばかりの、赤い涎掛（よだれかけ）を掛けた石の地蔵さんが立っていた」という、小沼丹の随筆『地蔵さん』の実例を掲げている。

こんなふうに漱石・鷗外・荷風・志賀・谷崎・芥川・川端・井伏・小林秀雄から藤沢周平・村上春樹・小川洋子らに至る近現代の文学作品から数千にも及ぶ具体例を引いて、ことばの二大要素である意味と語感を、意味ごとの語感という形で詳説し、表現する側の実用に役立てようという雄図に果敢に挑んだ、渾身（こんしん）の力業（ちからわざ）だったと言えるのかもしれない。

なお、二〇一七年の夏に、西谷裕子『「言いたいこと」から引ける　大和ことば辞典』（東京堂出版）という長い書名の本が出ており、「あかつき」「いとけない」「うらはら」「おしなべて」「かこつ」「くしげずる」「こころばえ」「さだめ」「しじま」「そぞろ」「たおやか」「つとに」「とこしえ」「なりわい」「はかなむ」「ほかげ」「まどろむ」「みどりご」「よもすがら」といった和語の意味と語感について述べている。

二〇一八年新春に中公文庫『わたしの「もったいない語」辞典』が出た。読売新聞連載のコラムエッセイを、もったいない語の五十音順に排列した小粋な一冊だ。朝ぼらけ／あたくし／塩梅（あんばい）／お天道様（てんとさま）／稽古／子宝／私淑／したり顔／黄昏（たそがれ）／到来／文士／ヘンテコ／ゆあみ／利休鼠など、消えてしまうには惜しい日本語をテーマに阿刀田高・市川染五郎・小川洋子・鎌田實・里中真智子・沼野充義・福原義春・南伸坊ら言葉のプロたる文化人一五〇名が、その感触を味わい、それぞれの感懐を綴って深い思いを寄せた日本語随想として楽しめる。

21 慣用句と格言

「臥薪嘗胆」「大同小異」「油を売る」「水に流す」といった固定連語としての慣用句や、「転ばぬ先の杖」「急がばまわれ」といったことわざ類を扱った『故事ことわざ辞典』『国語慣用句大辞典』『故事・俗信　ことわざ大辞典』などを参照して、表現をゆたかにしたい。

一つ一つの単語を調べる辞典から、もう少し長い単位の表現を扱った辞典に移ろう。少し古いところで、鈴木棠三・広田栄太郎編『**故事ことわざ辞典**』（東京堂出版）がある。一〇〇〇〇にものぼる故事成語やことわざ類を収集し、「ああ言えばこう言う」から「椀つくりの欠椀」まで五十音順に排列し、意味を解説し、出典を示し、類義表現などを添えた辞典である。

「合縁奇縁」「後の祭り」「一陽来復」「鸚鵡返し」「臥薪嘗胆」「空中楼閣」「鶏肋」「古稀」「思案投げ首」「弱冠」「十人十色」「杜撰」「大同小異」「鉄面皮」「背水の陣」「百発百中」「不惑」「傍若無人」「無尽蔵」「痩せても枯れても」「猶予」「梨園」「領袖」など、国語辞典でも調べられそうな項目もあるが、「後の祭り」には『毛吹草』『妹背山女庭訓』など、「大同小異」には『荘子』、「背水の陣」には『史記』というふうに、それぞれに出典が示されており、また、「ああ言えばこう言う」には「右と言えば左」「山と言えば川」という言い方もあるという注記もあり、「馬鹿と鋏は使い様」にはほかに「阿呆と剃刀」という取り合わせもあり、また、「剃刀と奉公人」や「鋏と嫁」といった、今では下手をするとパワハラ問題にも発展しかねない、少々危険な類義表現も載っている。

あってもなくてもどうでもいいことを「有っても無くても猫の尻尾」と言ったらしい。悪い事のあとにはいい事があるという意味で、「一の裏は六」と言うのはさいころの連想だろう。思慮の浅い者がむやみにはやり立つ意で「牛の一散」という表現を使ったようだ。敵意を表面に出さない意で「奥歯につるぎ」という表現もあったそうだ。話がうますぎることを「木に餅がなる」と言ったというが、たしかに枯れ木に花を咲かせるよりむずかしい。

ことばだけは丁寧だが心がこもっていないことを「口先の裃」と言ったらしい。裃を着用しなくなった現代では、あまりぴんと来ないかもしれない。心地よい涼風を「地獄の余り風」と言うのは、地獄の経験者でなくとも滑稽で、ついにやりとするだろう。群衆がごった返すことを「笊の中の泥鰌」と言うらしい。最も肝腎のことができないたとえとして「出家の念仏嫌い」と言うそうだが、研究嫌いの学者には耳が痛い。疎遠の者より懇意の者のほうがいい意の「知らぬ仏より馴染みの鬼」ということわざは、「遠い親戚より近くの他人」と書く金貸しの看板を思わせる。

根本を正すことが大切という意の「猫を追うより皿を引け」というのは、今の世の中にぴったりだろう。その世の中には馬鹿もやはり必要と見えて、「馬鹿があって利口が引き立つ」という理屈もよくわかる。ただし、チャールズ・ラムのように、利口は油断がならない、馬鹿が好きだと公言する人もある。浮き浮きして落ち着かないことのたとえである「瓢箪（ひょうたん）の川流れ」というのも、今では聞かなくなった。

いくら物のわかっている人でも自分の事となると気づかぬことがあるという意味のたとえ「目で目は見えぬ」は論理的にそのとおりで説得力がある。自分の悪口を言われたら誰でも黙ってはいられないから、「呼ぶよりそしれ」と言うというのも初耳だ。心理的な妙策で、相手を呼び寄せるには、なるほどそのほうが早いだろう。

その後に刊行された白石大二編『**国語慣用句大辞典**』（東京堂出版）という辞書もある。索引から推計すると言及項目数が一〇〇〇〇程度に及ぶが、「慣用句」を幅広く解釈した結果だ。通常、「慣用句」といえば、「足が出る」「顔に泥を塗る」「水に流す」「油を売る」のように、二語以上の結合で、語形や語順の固定性が強く、全体が一つの言語単位のように働いて、その構成要素である個々の語の意味の和として導けないような意味を慣習的に表す句が中心となる。

ところがここでは、その形でその意味を表すことになっている慣用語まで広げているため、「愛犬」「朝夕」「あっ」「居候」「ううん」「大江戸」「かあかあ」「閣下」「蚊帳」「下痢」「御用」

「侍」「新婚」「立つ」「天災」「生臭坊主」「にゃあん」「ばてる」「飛行」「皮肉屋」「品行方正」「負け惜しみ」「耳寄り」「名人」「物入り」「山吹」「湯屋」「用心」「よそよそしい」「乱世」「笑われる」「わんわん」「ん（ぬ）」のような、国語辞典で一語として扱う単位も含まれている。派生的な意味を慣用的に獲得したと考え、慣用語句全般に及ぶからである。

もちろん、「雨降って地固まる」「負うた子に教えられて浅瀬を渡る」「借りる時の恵比須顔返す時の閻魔顔」「転ばぬ先の杖」「白い目を向ける」「憎まれっ子世に憚る」「藪から棒」のような典型的なことわざや慣用句も収載されているが、「ああ思うに」「ああ喜ばしきかな」といった古めかしいものから、「試験にパスする」「本塁打の味」といった比較的新しそうなもの、「やまない雨はない」といったとぼけたものまで入っている。

特徴は、例えば、「ありがとう存じます」という項目では、単に感謝の気持ちを表す挨拶語と説明するだけでなく、その前に、「なかなかありにくいことだと思います」というもともとの基本的な意味を示すというふうに、慣用的表現として扱っている点にある。

同様に「おことばに甘える」という項目では、尊敬すべき、または親切な人の好意あることばにもたれかかって、そのまま受けるという説明になり、「にべもなく」という項目でも、「愛想もなく」とその意味を説明する前に、「にべの浮き袋から製する粘りの強いにかわのような艶もなく」と語源との関連をふまえてつながりをわかりやすくする。

一九八二年には、『故事・俗信　ことわざ大辞典』（小学館）という、さらに大きな諺類専門の辞書が出版された。同社の『日本国語大辞典』をベースにして項目を採集し、さらに俗信・俗説・ことば遊びなどをも補った結果、実に四三〇〇〇項目に達した旨、尚学図書の「編集後記」に記してある。

　この辞典の項目の豊富さを実感できる例を挙げよう。この五十音排列から「家」で始まる諺を数えてみると、「家売れば釘の価」（大金をかけて立てた家でも、売れば釘にかかった費用ぐらいの安値になること）、「家に女房なきは火のなき炉」（大事なものが欠けている）、「家に鼠、国に賊」（どんな社会にも害をなすものあり）、「家の高いより床の高いがよい」（家柄より今の裕福）、「家は狭かれ心は広かれ」（暮らしは質素でも心は広く）、「家を移して妻を忘る」（忘れっぽいことのたとえ）、「家持ちより金持ち」（持ち家で貧乏するより借家で贅沢）など、実に九七項目も並んでいる。

「植木屋の大風」（木＝気がもめる）、「お情けより樽の酒」（口先の同情より実質）、「傘屋の小僧」（骨折って叱られる）、「川に水を運ぶ」（無益な行動）、「金玉を質に置いても」（男の意地にかけて）、「蒟蒻屋の蒟蒻」（やたらに震える）、「それがしより金貸し」（家柄より裕福）、「長い手は後ろへ回る」（盗めば捕まる）、「根が無くとも花は咲く」（事実は無くとも話は広がる）、「針金に鉋をかけたよう」（ひどく痩せている人の形容）、「貧乏神の定宿」（いつも貧しいことのたとえ）、「幽霊の手討ち」（しがいがない）、「笑う顔に矢立たず」（笑顔で接すると相手の怒りも憎しみも消える）など洒落も利いていて、知らず知らず勉強になる。

ことわざや慣用句に自信のない人に、迷うポイントを整理してテスト形式で勘所を伝授する参考書のような辞典も出ている。西谷裕子『**勘違い慣用表現の辞典**』(東京堂出版)はそんな一冊だ。

まずは、漢字の読み間違いで、「衣鉢を継ぐ」「陸へ上がった河童」「乳母日傘」「間髪を入れず」「この期に及んで」「蛇の道は蛇」「相好を崩す」「俎上の魚」「店晒しにする」「乳離れができない」「手数をかける」「名を捨てて実を取る」「幕が開く」「身を粉にする」「野に下る」「病膏肓に入る」「呂律が回らない」などを取り上げている。

次に、漢字を書き間違えそうなものとして、「青二サイ」「アげ足を取る」「アブラが乗る」「一笑にフす」「意にカイさない」「オゴる平家久しからず」「カイ心の作」「カネや太鼓で探す」「キいた風なことを言う」「危急存亡のトキ」「キリンも老いては駑馬に劣る」「後セイオソるべし」「時キはずれの果物」「進退キワまる」「玉にキズ」「ツかず離れず」「灯台モト暗し」「元のモク阿弥」「論をマたない」といった紛らわしいものが載っている。

次が、「汚名返上」をうっかり「汚名挽回」と言い間違えそうな、そういうもっともらしい誤用例で、「仕事がなくて□が干上がる」「こうなったら□には引けない」「怒り心頭に□する」「大見得を□る」「影□形□添うように」「小耳に□」「やんちゃで手□負えない」「下手□考え休むに似たり」「身銭を□」「□手を挙げて賛成する」「焼けぼっくい□に火がつく」「□命をつなぐ」などの誤用の形で読者の闘争心に□をつける。はたして正解は？

最後が、意味やニュアンスを取り違えそうな慣用表現として、「いい薬になる」「浮き足立つ」「気が置けない」「呉越同舟」「これはしたり」「思案に余る」「住めば都」「つかぬ事」「流れに掉さす」「情けは人のためならず」「乗りかかった船」など、近年になって誤解の目立つようになった例を取り上げて、それぞれの是非を論じている。若い人向けの教養番組といった趣のこの本、頭の体操にもなる。

22 名句と名表現

先人のすぐれた言語遺産としての名文句や名表現に学ぶために、『日本名句辞典』および『日本の作家　名表現辞典』を取り上げ、その魅力を紹介したい。前者には「則天去私」「雪月花」などが並び、後者には近現代の作家の名文の一節が技術解説付きで登場し、表現上のヒントを与える。

慣用句や諺類よりもう少し長い表現を取り上げよう。それだけで独立したスピーチの一部となり、文章の一節ともなりうる、すぐれた言語表現に関しては、まず、鈴木一雄・外山滋比古編『**日本名句辞典**』（大修館書店）を紹介する。「辞典」という名称だが、排列は五十音順ではなく、話題や題材に応じて章別に分かち、巻末に索引を付している。

全巻の構成は、一章が「天象」「景勝・名所」などの〔自然・風土〕、二章が「夏」「花と草木」などの〔四季おりおり〕、三章が「人生」「老い」「思い出・追憶」などの〔人の世〕、四章が「悲恋・失恋」「男と女」などの〔愛・恋愛・結婚〕、五章が「親と子」「隣人」などの〔人と人との間〕、六章が「金銭」「故郷・望郷」「旅・旅愁」などの〔生活〕、七章が「性格と行動」「貧富」などの〔人がら〕、八章が「心理と生理」「感情」などの〔人の心〕、九章が「弁論・言動」「辞世のことば」「警句・ユーモア」などの〔ことばの世界〕、十章が「法・秩序」「世界・平和」などの〔政治・社会〕、十一章が「教育・教養・文化」「芸術論・文学論」の〔思想・文化〕、最後の十二章が「無常」「煩悩と救い」などの〔宗教・信仰〕となっており、それに付章として「小倉百人一首」と「いろはがるた」を添えて、総計で約一六〇〇の名句を収め解説した大冊の一本である。

「はしがき」で、含蓄の深い日本人は〝先人の言を引くとき、ちょっとはにかむ〟ことを見抜いている。編者の外山は、諺のことを「作者出典不明の、〝庶民のアフォリズム〟」と呼ぶらしい。これらの言及はどちらも名句として本編に収めたい気がするほどだ。

本編から具体例を示そう。「行雲流水」という四字漢語には、あてどもない「風の行くまま身の行くまま」と混同されやすいが、このことばの中心思想は、大自然の偉大な法則に委せきるというところにあるという。漱石晩年の境地として名高い「則天去私」も収められている。漱石自身の造語らしく、ことにふれて自分を主張したがる小主観を捨て、大いなる自然を手本として身を委ねるという解説を示したあと、木曜会で芥川らの門下生にこの理念を語った漱石が、翌月九日に永眠したという事実を添えている。

「雪月花」の原典とされる白楽天の詩では、「かつて琴を弾じ、詩を詠じ、酒を酌み交わした友」のことが雪月花の折に思い出されてならないという意味合いなのだが、「雪月花」の部分だけ独立させると、四季折々の風流を楽しむという雰囲気になるという。

景勝地としては、「よき人のよしとよく見てよしと言ひし吉野よく見よよき人よく見」という天武天皇の一首、「松島は笑ふがごとく、象潟（きさかた）はうらむがごとし」という芭蕉の『奥の細道』の一節、「分け入つても分け入つても青い山」という種田山頭火の句や、「国境の長いトンネルを抜けると雪国であった」という川端康成の小説『雪国』の有名な冒頭文、それに、太宰治の『富嶽百景』の「富士には、月見草がよく似合う」などが出てくる。

春には「春雨だ、濡れてゆこう」という月形半平太の名文句、夏には「涼風の曲りくねつて来たりけり」という小林一茶のひねくれてみせた句、秋には「秋の日の／ギオロンの／ためいきの／身にしみて／ひたぶるに／うら悲し」というヴェルレーヌの詩の上田敏訳、冬には「刃物のような冬が来た」という高村光太郎の詩の一節が取り上げられている。

「人生」の節では、堀辰雄『風立ちぬ』の「風立ちぬ、いざ生きめやも」に続き、「十年は蝶よ九年は花よなり」という『柳多留（やなぎだる）』所収の川柳も載っている。「佳人薄命」という話題だが、箱入り娘を棺桶に入れる無念を詠んだ「箱入りを十九で桶に入れかへる」という一句など、なぜか十九で世を去った娘を惜しむ作品が多いらしい。これも「蝶よ花よ」と大事に育てた十九の娘の生涯を「蝶よ」と「花よ」に分配した趣向になっている。同じく「駆けて来たほどに娘の用はなし」という川柳もある。娘が「ねえ、ちょっと見て」と息せき切って声を掛けても、実はたわいもないことが多いと、とかく大げさにふるまう娘らしさを描いた好句と評価したあと、「はなやかな空気をまき散らすことを意識しての行動かも知れぬ」と一言感想めいたつぶやきが続くのが興味深い。「門松や冥土の旅の一里塚」という、うがった句もある。一休禅師作という言い伝えがあるが、真偽不明とか。「笛吹けど踊らず」という『新約聖書』マタイ伝のことばも出る。

「愛・恋愛」の箇所には、「しがねえ恋の情が仇」という歌舞伎『与話情浮名横櫛』の「源氏店」（俗に玄冶店）の場で見得を切るせりふが出てくる。「粋な黒塀見越しの松にあだな姿の洗い髪」と流行り歌にもなった名場面。海に身を投げて死んだはずのお富がなんと妾宅に納まっているのを見て、ならず者の与三郎が居直るシーンである。「夫婦喧嘩は犬も食わぬ」とか「夜目遠目笠の内」とかという諺に続いて、「ばらにとげあり」とあり、次いで「犯罪の影に女あり」という舶来の諺も出てくる。

「友人」の箇所には、「よき友三つあり」という『徒然草』が引かれている。「物くるる友」と「くすし（医者）」と「智慧ある友」の三つだ。逆に「友とするにわろきもの」は七つあり、身分の高く尊い人（窮屈）、若い人（話が合わない）、病なく健康な人（他人の苦しみがわからない）、酒を好む人（吉田兼好は下戸だったそうだから、これはあてにならない）、猛々しい人（粗暴で情趣を解さない）、嘘をつく人、欲深き人でこの二つは解説無用。

「処世」の箇所には、「そりや聞えませぬ　伝兵衛さん　お言葉無理とは思はねど」という浄瑠璃のことばが出てくる。お言葉はもっともですが、私には通じません、という意味らしい。「命の瀬戸際にいる男を振り捨てては女の道が立たない、親不孝を許して」心中させてくれと、今ではお尋ね者となった恋人の伝兵衛が、遺される家族のためにも俺と別れてくれと説得するのを跳ね除ける遊女お俊の切ないことばである。

「ああおまえはなにをして来たのだと……吹き来る風が私にいう」という中原中也の詩『帰郷』の一節もある。長男でありながら父の葬儀にも参列できない「無頼放浪の我が身を自責する辛い思いを風に託してうたったもの」という。「耳を信じて目を疑ふ」という『平家物語』のことばは、自分の目で確かめるのが一番確かなのに、あてにならない伝聞に左右される人間の愚かさを突いたことばだったようだ。仏・法・僧を深く敬慕せよと説く「篤く三宝を敬へ」という聖徳太子の『憲法十七条』中のことばも出てくれば、「あなたがいっこのれもんであるなら／わたくしはかがみのなかのれもん」という新川和江の詩『ふゆのさくら』の一節も出てくる。こういう幅の広さも楽しい。

その幅をすっきりと日本の近現代文学にしぼりこみ、文体の中にある表現の方法と伝達効果を分析し、美と味わいをもたらすことばの働きに焦点をしぼって解説したのが、『**日本の作家　名表現辞典**』である。著者はあの『日本語　語感の辞典』と同じく中村明となっていて、二〇一四年に同じ岩波書店から出ている。姉妹編というつもりか函や表紙のデザインも趣がよく似ている。風の噂によれば、最近は笑いの技法か何かに関する辞典を夢想してご機嫌らしいから、ひょっとすると集大成の辞典の三部作でももくろんでいるのか知らん?

よけいな勘ぐりはやめて本題に戻ろう。こんな内容になっている。時代的には夏目漱石・森鷗外・樋口一葉・永井荷風・志賀直哉・谷崎潤一郎・芥川龍之介・佐藤春夫・川端康成・太宰治から小川国夫・安岡章太郎・吉行淳之介・竹西寛子・井上ひさし、そして池澤夏樹・小川洋子・村上春樹まで、ジャンル的にも福原麟太郎・岩本素白・小宮豊隆・小津安二郎・坪田譲治・サトウハチロー・森茉莉・向田邦子・中谷宇吉郎・串田孫一・高田保・沢村貞子・大岡信・小池滋・栃折久美子と幅広い分野から採録しており、実に九八人の書き手による計二一二編の作品から多彩な文章が引用されている。ところが、妙なことに、その中に、この著者がしばしば言及する藤沢周平の名が見えない。まことに不思議だ。何か善意の行き違いがあったのかもしれない。それが妙にさびしい。

辞典らしく、排列は作家名の五十音順となっている。一人の作家から取り上げた作品は一編から一五編と幅があり、作家ごとに原則として年代順に並んでいて、例えば、内田百閒では『特別阿房列車』『掻痒記』『山高帽子』『居睡』『大晦日』『弾琴図』の順に、幸田文では『流れる』『おとうと』『蜜柑の花まで』『余白』『雨の萩』の順に出てくる。

まとまった形で引用されるのは一作品につき一節だけだが、解説中でその作品の他の箇所の表現にもしばしば言及する。例えば、川端康成の『雪国』では、正式に引用して表現の分析と鑑賞を試みるのは、「紅葉の銹色が日毎に暗くなっていた遠い山は、初雪であざやかに生きかえった。／薄く雪をつけた杉林は、その杉の一つ一つがくっきりと目立って、鋭く天を指しながら地の雪に立った」に至る一節だが、「国境の長いトンネルを抜けると雪国であった」という作品冒頭の有名な一文にもふれ、それがいかに翻訳者を悩ませる日本語らしい表現であるかを、「抜ける」の主語も、「雪国であった」の主語も明示せず、「自他あるいは自然と人間とを一体化してとらえる」日本人の視点の構造の問題として説き明かし、さらには、初出では「濡れた髪を指でさわった。――その触感をなによりも覚えている、その一つだけがなまなましく思い出されると、島村は女に告げたくて、汽車に乗った旅であった」と官能的に書き出していることにまで言及し、現在の決定版の冒頭文が、「無為徒食の島村たちが現実の生活をいとなんでいる此岸の世界と、駒子や葉子の住む彼岸の世界」をつなぐ「長いトンネル」という深読みを誘う働きをしていることにまで発展して解説を加えるほどである。

具体像がつかめるよう、一例として夏目漱石の項目を眺めてみよう。まず、冒頭に生没年が明示され、その下に漱石の似顔絵が出てくる。これが意表をついていて、辞典といういかめしさがやわらぐ。九八人の書き手すべてについて塩井浩平の挿画が楽しめる仕掛けになっている。その次に、漱石夏目金之助の略歴を含む作家解説が示され、以下『坊っちゃん』『吾輩は猫である』『草枕』『こころ』『私の個人主義』『硝子戸の中(うち)』の順に、名表現に関する言語的分析と文学的鑑賞が展開する。

『坊っちゃん』では、主人公が四国に赴任するために東京を離れる場面が取り上げられ、清との別れの描写から、「汽車が余っ程動き出したから、もう大丈夫だろうと思って、窓から首を出して、振り向いたら、矢っ張り立って居た」に続く次の一行「何だか大変小さく見えた」という一文における「何だか」という一つの副詞の働きに焦点をあてて、「表現の底をうごめく主人公の心理」を映し出す。

『吾輩は猫である』では、いきなり「吾輩は猫である」と書き出す冒頭文の効果として、語り手に「猫」を据えた突飛な作品構造、「吾輩は…である」という尊大な調子と、人間が小馬鹿にしている「猫」という軽い存在との落差などを論じたあと、一本調子になりやすい日本語の文末を漱石がいかに多彩にしているかを、同じことばの重複使用を回避する音感と美意識という問題に広げて、表現の「仕上げのおしゃれが隠し味となり、垢抜けした文章の粋が仕立てあがる」と、音感を大事にしたこの作家の文体に迫る。

『草枕』では、「のどかな春の日を鳴き尽くし、鳴きあかし、又鳴き暮らさなければ気が済まんと見える。其上どこ迄も登って行く、いつ迄も登って行く」と展開する漸層的なリフレーンの表現効果などを顕彰している。

『こころ』では、最後の先生自身の遺書さえあれば、題材も主題も読者に伝わるのに、あえてその前に「先生と私」「両親と私」という二つの章を配して、遺書の中の「私」とは別の、いわば他者としての「私」を設定することで、「作品に時間的および構造的な奥行」を生じさせた作品構成を特筆している。

『私の個人主義』では、学習院に就職しそこなった漱石が、将来は社会に出て権力・金力を行使する側に立つはずのその学習院の若者に、他人が幸福を求める権利も同等に認めるという「個人主義」本来の精神を、ユーモアを交えて説いている。

一度死にかけた人間が振り返ってわが人生風景をいとおしむエッセイ『硝子戸の中』では、人類を広く見渡せる雲の彼方から自身の姿を眺めながら「恰(あたか)もそれが他人であったかの感を抱きつつ」微笑する場面で終わっても自然なのに、漱石はそこに、鶯、春風、猫と、庭に点景を散らし、「家も心もひっそりとしたうちに、私は硝子戸を開け放って、静かな春の光のなかで、恍惚(うっとり)と此稿を書き終るのである」と数行書き加え、今度こそまさにうっとりと結びかける。ところが漱石はさらに、「そうした後で、私は一寸肱(ひじ)を曲げて、此縁側に一眠り眠る積(つもり)である」と、ちょっと外した一文を投げ捨てるのだ。

著者はそこで、「作家訪問の折、吉行淳之介は帝国ホテルの一室で、作品の結びについて自身の心構えを述べた」として、「一度ギュッと締めて、フワッとふくらます感じを出す」という極意を伝え、漱石のこの最後に付け加えた一文は、その「一度ギュッと締めた手をふくらます、絶妙の働きをしている」と評している。玄人好みの余情感なのかもしれない。

こんなふうに、著者が訪問して直接ことばを交した作家たち、この辞典に登場する順に網野菊、井伏鱒二、円地文子、大岡昇平、尾崎一雄、小林秀雄、里見弴、庄野潤三、瀧井孝作、田宮寅彦、永井龍男、武者小路実篤、吉行淳之介の項で、その肉声が聞こえるようなエピソードを語る余裕のある筆致など、引いて調べるというより順不同に読み散らして文学的雰囲気を味わう一冊だ。その散策の道しるべとなるのが巻末の総合索引。「阿部昭」「川上弘美」「古井由吉」「松本清張」といった作家名、『縁談窶（やつれ）』『懐中時計』『驟雨（しゅうう）』『無常という事』といった作品名のほか、話題に関連する「ゴーゴリ」「高山樗牛」「乃木大将」「モンテーニュ」といった人名や「白樺派」「新感覚派」といった流派名、それに「逆説」「視点」「比喩」「リフレーン」といった表現技法名、「うやむや」「郷愁」「滑稽」「石膏色」といったキーワード、「人生の哀歓」「表現の〈間〉」「ネガのような詩情」「むなしさの深み」といったキーフレーズ、「心を虚しくして対象に没入」「文章の奥に人のけはい」「無意味な過去にこそ現在の意味がある」「笑いは少し陰翳を帯びて」といったキーセンテンスから本文に案内する。

23 文体とレトリック

表現を練り、文体をまさぐる過程でぜひとも知っておきたい技法の数々を収集し解説する辞典として、『比喩表現辞典』『日本語の文体・レトリック辞典』を中心に詳しく紹介し、大部の学術的な『レトリック事典』にも言及して、表現の花園に遊ぶ幸せを実感したい。

予算の関係で一年遅れ、一九七七年二月に国立国語研究所の報告書として、中村明という若者が秀英出版から『比喩表現の理論と分類』と題する大きな厚い本を上梓(じょうし)した。小津映画のタイトルバックを思わせるオフホワイトのラフな厚地を使った本クロスの装丁で、研究報告としては異例の造本だが、初めて自分の本を刊行する当人は珍しいことも知らなかった。それから間もない同じ年の一二月に、同じ人間が今度は角川書店から『**比喩表現辞典**』を出版した。そのため、研究書の調査資料を再利用して辞書に模様替えしたものと思われがちだが、比喩研究にのめりこんでいたその当時、そんな知恵を働かす余裕もなく、事実、用例の大半はそれ以降に新しく採集したものである。

その『比喩表現辞典』は、巻頭に約八〇ページに及ぶ詳細な比喩概説を掲げ、「比喩は心象風景の点描であり、意識下の世界観である」と見る立場から、作家の文体を考察するうえで重要な切り口となると考えて、二〇〇名近い書き手の作品から採集した比喩表現六七四六例を体系化して排列した一大文例集である。

簡単な例で示せば、「林檎のような頬」という比喩的発想の場合、そこで描写されている「頬」がその場面のトピック、たとえとして連想した「林檎」がイメージという関係になる。小林秀雄の『ゴッホの手紙』に出てくる「パリの老いぼれた馬車馬が、悲嘆にくれたクリスチャンのような、大きな美しい眼をよくしている事に気がついた事がありますか」という実例で説明すると、「老いぼれた馬車馬」が「悲嘆にくれたクリスチャン」を思わせる「大きな美しい眼」をしているという発見的認識が土台になっている。この比喩の構造は、「馬車馬」というトピックを、「眼」の共通点を契機とし、「クリスチャン」というイメージに託して伝えようとした比喩表現だということになる。

この本では、その中心トピックを製品、自然、植物、動物、人間、身体、精神、言語、社会・文化、抽象的関係、活動、状態の一二分野に大分類し、その中をさらに細分してブロックごとに排列してある。そのように用例をトピック別に分類整理して掲げてあるが、各用例のイメージからも引けるように、巻末に索引が付いている。

「季節は厳冬に入り、空気はそれを呼吸しようとするとまるで凍った固体のように咽喉を塞ぎ、真空の無数の針のように皮膚を刺した」（藤枝静男『犬の血』）という例では、「空気」というトピックに対して、「凍った固体」と「真空の無数の針」という二つのイメージを用いているし、「ガード下には石地蔵か墓石のように黙坐する靴みがきの群」（武田泰淳『風媒花』）という例では、「靴みがきの群」というトピックに対して、「石地蔵」と「墓石」という二つのイメージを並べている。

イメージを表す名詞のキーワードのうち、いろいろなトピックと結びつくイメージの上位五〇を選んで、分野ごとに整理し、どういうものと結びつくかを一覧できる表に整理したものを本文の末尾に掲げ、「日本のイメージ―現代作家の連想ベスト50」というタイトルを掲げている。〔製品〕では紙・ガラス・玉・鏡・糸・針・人形・玩具・船・壁・絵、〔生物〕では人間・女・子供・獣・猿・犬・猫・鼠・牛・馬・蛇・蛙・虫・魚・鳥・巣・木・花・葉・髪・目、〔自然〕では石・水・泡・氷・雨・霧・雲・風・海・潮・波・山・星・光・火・炎・煙・影、そして、〔抽象〕の夢という結果となっている。

なお、本書は一九九五年に函入りの改訂新版が出ている。類似の例や陳腐な例を削除し、新たに約二〇〇〇例補充したもので、二七三作家の八二〇一例が収載されて充実した。

最初の『比喩表現辞典』が出て一〇年余り経ち、榛谷泰明『**レトリカ―比喩表現事典**』（白水社）という本が出た。書名はよく似ているが、古今東西の詩的比喩表現を集めたもので、帯に「殺し文句をサッとひく」というキャッチコピーがあるように、中身はまったく違う。安部公房・有島武郎・井上靖・岡本かの子・川端康成・三島由紀夫などの小説の例も多いが、短歌や詩や俳句の例も多く、阿久悠・うつみ宮土理・小沢昭一・加藤登紀子・黒柳徹子・中島みゆき・山口洋子ら実に幅が広い。そして、クローニン・ショーロホフ・フォークナー・モンゴメリー・ロレンスといった外国文学の翻訳も数多く含まれている。

全体が比喩のトピックの五十音順に並んでいる。ページをめくると、「愛」には「愛、それは天使たちの星に対する挨拶」というユゴーの『レ・ミゼラブル』からの例、「浮雲」には「絵筆を筆洗で洗ったような浮き雲がたなびいている」という魯迅の『白光』からの例、「蛙」には「睡蓮の広い葉の上に、青銅の文鎮のようにかしこまっている」というルナールの『博物誌』からの例、「小波」には「縮緬皺（ちりめんじわ）のよう」というトーマス・マンの『ヴェニスに死す』からの例、「手」には「ほっそりした葱（ねぎ）のような手」という『金瓶梅』からの例というふうに国際色ゆたかな中に、「空」には「桜花ちりぬる風のなごりには水なき空に浪ぞ立（たち）ける」という『古今集』の紀貫之の一首、「臍（へそ）」には「それは砂時計のくびれ　痛みの中心　渦を巻いて　消え去った　過去の謎」という清岡卓行の『固い芽』という詩からの例が交じる。そんなふうな、読んで楽しめる一冊である。

比喩に限らずレトリック全般、さらに文体論の世界については、翻訳ものながらケーティ・ウエールズ著、豊田昌倫ほか訳の『**英語文体論辞典**』（三省堂）がある。書名どおり引用例は英語だが、そこで扱われている事柄は日本語の文章の問題とも重なる部分が多い。

表面上の意味以外のレベルの意味を持つ「アレゴリー（寓意）」、途中で誰かに呼びかける「アポストロープ（頓呼法）」、擬人化の一種である「感傷的虚偽」、型にはまった「クリシェ（決まり文句）」、言語表現の標準からの逸脱、非標準的な綴り字を交ぜる「視覚方言」、文芸批評と言語学の統合をめざす「実践文体論」、世界や人間の行動をリアルに表現する「模倣」などのほか、「詩的言語」「文学語用論」「物語文法」「意識の流れ」「本当らしさ」など、興味深い項目が論じられている。

日本語の文章の実例に即して解説した辞典としては、中村明『**日本語の文体・レトリック辞典**』（東京堂出版）がある。一九九一年に『日本語レトリックの体系』（岩波書店）を公刊し、【展開】に関する〔配列〕〔反復〕〔付加〕〔省略〕の四原理、【伝達】に関する〔間接〕〔置換〕〔多重〕〔摩擦〕の四原理という計八原理のもとに、約三〇〇の表現技法を体系的に位置づけた著者が、新たに「紀伝体」「蔓延体」「擬古文」「候文」「である体」「小品文」「普通文」「中庸体」「曲流文」「談話」「イメジャリー」「文章心理学」「統計的文体論」「文体論史」「文体論の広がり」といった文体論関係の術語を博捜して解説を試みた項目を総合し、全体を五十音順に排列したのが

23
文体とレトリック

この辞典で、二〇〇七年の刊行である。

「暗示引用」では、著名な原表現を連想する契機となることばを用意して、表面上の意味の裏に別の映像をフラッシュのように流す修辞技法という解説に続き、「コノゲンキンヲウケテクレ、ドウゾタップリモラッテオクレ、「アリガト」ダケガ政治家ダ」と賄賂を皮肉る新聞記事を例に挙げ、于武陵の詩『勧酒』の井伏鱒二訳が下敷きになっていることを指摘し、さらに漱石の『坊っちゃん』から「朝顔やに釣瓶をとられて堪るものか」を引き、加賀千代の有名な「朝顔に釣瓶とられて囉ひ水」という句を踏まえていることを解説する。そうして、さらに、小沼丹の随筆『地蔵さん』からこんな例を引く。五日市街道の道端にある道標が天明年間に建てられたことを知り、「蕪村を想い出して、些か風流な気持になって帰って来た。蕪村を想い出したのは、一つには散歩の途中、小川の傍に野茨が咲いていたのを見たからだろう」と展開する一節だ。「天明」という年号からただちに天明三年に世を去った「蕪村」を連想するのはこの作家の嗜好や教養の下地があるからだろうが、「野茨」と「蕪村」との関連には随筆で一言もふれていない。読者が「花いばら故郷の路に似たるかな」や「愁ひつつ岡にのぼれば花いばら」という蕪村の句を思い浮かべることをひそかに期待する寡黙の筆致だったのかもしれない。

「換喩」では、川端康成『雪国』、芥川龍之介『羅生門』、永井荷風『濹東綺譚』、与謝蕪村の俳句に川柳二句、それに井上ひさし『ドン松五郎の生活』、夏目漱石『坊っちゃん』、井伏鱒二『多甚古村』などの多彩な表現例を引用し、分析を試みている。

「視点」という項目では、すべてを知る神の視座に立つ「全知視点」と、主人公または作中人物、もしくは作品世界を傍らで観察する立場の、ともかく一個人の知りうる範囲で述べる「制限視点」とに分けて、作品の視点構造を解説し、次いで、小説『吾輩は猫である』を例に、「吾輩」として作中の語り手を務め、人間世界を辛辣（しんらつ）に批評する「猫」という「叙述視点」と、その奥で「猫」の奔放な言行を操る作者漱石の「創作視点」という二重構造を指摘する。そして、大岡昇平『武蔵野夫人』、庄野潤三『陽気なクラウン・オフィス・ロウ』、吉行淳之介『驟雨』などの文章を例に、視点のありかと表現のふるまいを考察する。

さらに、「視点交替」という項目で、川端康成『千羽鶴』を例に、作中での視点の移動を解説し、「視点人物」という項目で、幸田文『おとうと』を例に、作者が、げんという姉に視点を預け、ともに動いてゆく表現展開の事実を明らかにしている。

同一語句を連続的に用いる「畳点法」という項目でも、リンカーンの「人民の人民による人民のための政治」という例に始まり、「平凡！　平凡に、限る。平凡な者が平凡な筆で平凡な半生を叙するに、平凡という題は動かぬ所だ」という二葉亭四迷『平凡』の例、「雪のなかで糸をつくり、雪のなかで織り、雪の水に洗い、雪の上に晒（さら）す」という川端康成『雪国』の例、「待つという言葉は、私たちの心のありようをけっして正しくはつたえなかったが、それは、やはり、待つというよりほかいいようはなかった。私たちはその日を待った。そして、その日は、待つ間もなく来た」という田宮寅彦『沖縄の手記から』の例が並ぶ。

次いで、夏目漱石『草枕』の椿の花の散る場面を取り上げる。風景描写や思索の叙述の間に、「ぽたり赤い奴が水の上に落ちた」「しばらくすると又ぽたり落ちた」「又ぽたり落ちる」「また落ちた」「また落ちる」という文をやや不規則な絶妙の間隔で折り込むのを、現実の椿の散るタイミングを模写したものととらえ、それに続く「又一つ大きいのが血を塗った、人魂の様に落ちる。又落ちる。ぽたりぽたりと落ちる。際限なく落ちる」という一場のフィナーレへと流れ込む妖艶なシーンである。

そして、この項目のフィナーレとして、里見弴の短編『椿』の圧倒的なラストシーンへと収斂(しゅうれん)する。住宅街の静かな夜更け、若い叔母と姪は大声で笑うわけにもいかず、可笑しさを必死にこらえていたが、とうとう噴きだしてしまい、その忍びやかな笑いが水面下を広がってゆくさまを、小説家の小さんとも評された絶妙の語り口のこの作家はこんなふうに描く。叔母が「肩から腰にかけて大波を揺らせながら、目をつぶって笑いぬく」と、姪も「ひとたまりもなく笑いだした。笑う、笑う、なんにも言わずに、ただもうくッくと笑い転げる」。深閑と寝静まった真夜中だけに大声を立てられないだけに、「なおのこと可笑しかった。可笑しくって、可笑しくって、思えば思えば可笑しくって、どうにもならなく可笑しかった」と書き、その残響とともに作品はフェードアウトする。「たいへん可笑しかったので、大いに笑った」というだけの情報を、その場の女の息づかいが聞こえるように生々しく伝えることができたのは、執拗な繰り返しという表現の形のせいである。息苦しいまでの反復リズムによって、たったそれだけの情報が文学となる不思議な瞬間に、読者は現場で立ち会うこととなる。

レトリック専門の学術的な辞典として、二〇〇六年に出た『レトリック事典』（大修館書店）を紹介しよう。レトリック関係の著書の多い佐藤信夫がライフワークとして企画しながら、わずかな原稿のほか「精緻な目次案と厖大な資料」を残して未完のまま世を去ったため、それを生かして佐々木健一と松尾大が八〇〇ページを超えるこの大部の辞典にまとめあげたものという。内容は西洋語と日本語のレトリックを、1表現形態のあや（語句の反復、並行、代換など）、2意味作用のあや＝比喩（直喩、隠喩、換喩など）、3思考様態のあや（誇張、緩叙、対義結合、暗示引用など）、4論証のあや（帰納法、同義循環、引用法、異常論法など）、5語形のあや（異分析、折句、回文、尻取り歌など）に大きく五分類し、それに伝統レトリックの体系に関する佐藤の考え方などを加えた構成になっている。なお、「あや」は「文彩」とも書くレトリック用語。

例えば、「直喩」という項を引くと、「或るものや状態、動作などを、明示的に別のもの、別の状態、動作などになぞらえる表現」と定義し、「結果として得られた表現に即して言えば、それは、もの（状態・動作）の間の、或る点における類似性に言い表すものとなっている」と補足するような学術的な記述が現れ、その下位クラスとして「相同直喩」「反直喩」にも言及するなど、専門家相手の内容となっており、詳細を極める用語解説の参考資料も備えてあって、一般読者には近寄りがたい雰囲気がある。

しかし、本文には、論語、ミルトン、シェークスピア、ラシーヌ、ドーデや、伊勢物語、更級日記、徒然草などの古典や外国文学の例も出てくるし、定番である夏目漱石、樋口一葉、志賀直哉、川端康成、井伏鱒二、小林秀雄から、現代の井上靖、吉行淳之介、あるいは海音寺潮五郎、平岩弓枝、瀬戸内晴美、筒井康隆、井上ひさしなど幅広い文学の例や和田誠、外山滋比古などその周辺の書き物からの例も現れる。さらに、谷川俊太郎の「ことばあそび」や小学唱歌、実生活で目にした日赤医療センターの掲示もあり、落語からの例も多く、作例にはオードリー・ヘップバーンや吉永小百合の名も登場して楽しい。

24 描写や表現の辞典

さまざまな描写例を満載した表現辞典類を紹介し、日本語表現のゆたかさを味わってもらおう。先駆的な描写法や美文の辞典にふれたあと、『日本語描写の辞典』『人物表現辞典』『感情表現辞典』『感覚表現辞典』などを紹介しながら、さりげなく表現のコツを探る。

ぐっと古く一九一八年正月に、大畑匡山『新文章描写法　美文辞典』（岡村書店）という小型の辞典が出ている。「序」に、従来の文章では「唯々美く書こうと」、「実地とは懸け離れても無暗に綺麗な文字」ばかり使っていたが、「新い文章は内容が本位で、美く書くよりも適切な真実な書き現し方を目的」とするとあり、それが「描写」であって、「描写即ち文章、文章即ち描写といっても差閊えない」とまで強調している。ここで「綺麗な文字」とあるのは達筆という意味ではなく、美辞麗句をさすから、きらびやかに飾り立てる内容空疎な文章の流行を嘆き、もっと内容のある文章を書こうとする人に範を垂れる目的で編集されたものだろう。巻末に附録として「描写法講話」という長文の講座があり、「素描と細叙」「印象描写」「気分描写」「神経描写」「象徴描写」などを論じている。それでもあえて「美文辞典」と銘打ったのは、それこそが新しい美文だとする自負があったのかもしれない。

本文はこんな流れだ。〔人物〕に男（紳士・学生・職人など）、女（老女・人妻・少女など）、表情（恋・笑い・恐怖など）などが並び、動作の項には「筋肉は弛み、力は抜け、指はぐったりして枕をはなした」というモウパッサンの例が載っている。〔天象〕の夕の項には「初秋の黄昏（たそがれ）は幕の下（お）りるように早く夜に変った」という荷風の例、〔地象〕の山岳の項には「天の一角にあたって、黄ばんで燃える灰色の雲のようなは、浅間の煙の靡（なび）いたのであろう」という藤村の例、都邑（とゆう）の項には「ふた月も雨が降らない――町という町は灰のような塵で白茶けて、見るからに油気のない老人のような色になってしまった」という水野葉舟の例などが、それぞれ範例として掲げてある。いずれも筆者名だけで作品名は明記されていない。

これも古いが、一九三三年に前田晁編『東西文学　表現描写辞典』（金星堂）という細長い判型の辞典が出ている。「文章は自己表現の要求」であるとする立場から、「文章道の修行者」のために、1季節（春・祭礼など）、2植物（桜・椿・紅葉など）、3光線（月・灯など）、4天象（風・雪など）、5地象（山水・海洋など）、6都会と田舎（夜の街・住居・乗物など）、7動物（獣・鳥・虫・魚など）、8人間（女性・身体・表情・動作・心理など）といった八分類した主題ごとに先人の範例を掲げた文例集である。

範例が長いので、その一部を具体例で示そう。「晩春」には「東山に萌ゆる若葉の色彩、鴨川に咽ぶ河瀬のささやき、それに滑らかな人々の言葉の調子までが、そっくり春愁を覚えさせる道具立になっています」という長田幹彦の例、「夏の植物」には「菩提樹の下は涼しくて静かであった。飛んで居る蠅も蜜蜂も、この木蔭に来てはその声をひそめるらしい」というツルゲエネフの例、「春の日」には「曇り日に照らされた校舎の影が、大地の上へ煙のように、どうかすると、見る者の眼の迷いででもあるかのように、あえかに映っていた」という潤一郎の弟谷崎精二の例、「秋の月」には「一面に咲いた白い高原の草花の上を滑って行く雨の脚が、見分けらるるほど空は輝いて来ます」という吉田絃二郎の例、「春の風」には「宵闇の空、水気を含んだ、ひやひやする風がそろッと吹いて来る」という水野葉舟の例、「霞」には「家をめぐって唯鉛色の朝霞、村々の森の梢が幽霊の様に空に浮いて居る」という徳富蘆花の例、「気分」には「顔から瞼へかけての筋肉の繊維がふるえていながら涙がのぼって来なかった」という田村俊子の例、「感覚」には「子供の頃に、此の同じ花園で遊んだ時に感じたような楽しい、若々しい感情が身内をめぐって脈搏った」というチェエホフの例が現れる。この辞典でも、内外とも作家名だけで、やはり出典となった作品名は明記されていない。

ぐっと新しくなって、つい最近の二〇一六年に中村明『**日本語　描写の辞典**』（東京堂出版）が刊行された。全体を「もの・こと」「ひと」「こころ」に三分し、その中に「花」「鳥」「風」「月」

「表情」「恥」といった小主題を設け、その計五八のトピックごとに、文学作品から採集した各十数例を取り上げて、名描写の技のポイントの解説・鑑賞を試みている。

「空」の項では、「黄昏（たそがれ）の空はまだ薄明るく、遠くの方までが、この空の光で夢のように見通される。けれども極（ご）く近く、目の前を過ぎる人や車の雑沓（ざっとう）は、一様に漠然とした鼠色になり、唯（た）だ影と影とが重（かさな）りつつ動いているに等しい」という永井荷風『ふらんす物語』の一節を掲げては、「遠くが夢のように薄明るく、近くが逆に鼠色の影に見える、日暮れどきのそんな微妙な濃淡の感覚的発見」といった簡潔な解説を添える構成となっている。

「燈」の項では、「自由と愉悦は表がわに、貪婪（たんらん）と悲嘆は裏がわにかならずあると誰も云うが、ちょうどこのおぼろな燈に気どっている小路の家々は、軒ごとにそれを表現している」という幸田文『流れる』の一節を掲げ、「深い処世哲学が感じられる。表面に「自由と愉悦」、裏面に「貪婪と悲嘆」があるというとらえ方は、人間を含む多くの対象のありようを要約したものとも解釈できるだろう。ここは芸者の置屋などが軒を連ねる花街。「おぼろな燈」のともる小路に、視点人物の梨花は「気取り」を感じ、家の中で展開する営みとはうらはらな表の顔をそれとなく暴（あば）いて見せた象徴的な一節のように読める」と鑑賞する。

「住」の項では、「路面から三尺ほど低い坂の腹にぴったりくっついて横たわっていることになる。それは棺の中にねているような異様な静かさに千賀子を誘い入れた」という円地文子の

『妖』の一節を掲げ、「自分の住んでいた周囲の土地を頭に置いて設定する」と自ら語る作者の描写と記し、「作家訪問の際に案内された和室付きの応接間から、広い庭を見下ろすと源氏物語の世界に迷い込んだ気分になった」とその作者と直接ことばを交した経験を踏まえ、「ベッドは坂に面した壁によせてあるので」、坂道を上り下りする人の足音が斜め上から聞こえてきて「心を揺りたて」、おのずと「棺」の連想が働いたと推察する。

「匂い」の項では、「紙おむつのざらついた匂いと、離乳食のどろどろした匂いが混ざり合ったような匂いだ」という小川洋子『ダイヴィング・プール』中の例を掲げ、赤ん坊特有の匂いを、「ざらつく」「どろどろ」というむしろ「触覚的なとらえ方で嗅覚に迫る感覚系統の交錯が読者をひきつける」ことを指摘している。

この著者はかなり前から範囲を限った描写・表現の辞典をいくつかまとめてきた。一九九七年に刊行された中村明『**人物表現辞典**』(筑摩書房)はその一冊で、小説における人物描写に焦点をしぼり、筑摩書房版『現代日本文学大系』をテキストに、一四三名の作家の計四五九編の作品から、計九五六五の文例を採集し、分類整理した大部の書である。精力的に作業に没頭しても、さすがに長い年月を要し、完成時には担当編集者の柏原成光氏が社長にまでのぼりつめていた、というめでたいエピソードも誕生した。

描写対象がすべて人間なので、頭・鼻・腹・膝・指などにまず分類できるが、例えば「目」と

24
描写や表現の辞典

して一括できそうな例が一五〇〇以上にものぼる。それを順不同に並べたのでは雑然として参照しにくい。そこで、狭義の「目」のほか「眉」「瞼」「睫」「瞳」「目元」「目尻」などの見出しを立てて小分類した。次に、それを〈大小〉〈色〉〈明暗〉〈鋭鈍〉〈硬軟〉〈冷暖〉〈乾湿〉〈清濁〉……というふうに描写の観点から細分し、さらにその内部を、たがいに関連の強い例が近くに並ぶように配慮する。全巻がそういう構成になっている。

　このような身体部位を扱う〝人体描写〟にとどまらず、「髯(ひげ)」「皺(しわ)」「斑(はん)・皰(にきび)」「姿」などの具体物はもちろん、「匂」「声」「印象」「動作」「性格」といった対象をも含め、人間をあらゆる角度から描くときのすぐれた文例集として機能する〝人物表現〟の辞典をめざしている。「鼻」の〈大小〉の箇所には、「ひと度は精一杯高くなって見たが、是では余りだと中途から謙遜して、先の方へ行くと、初めの勢に似ず垂れかかって、下にある唇を覗(のぞ)き込んで居る」という夏目漱石『吾輩は猫である』の例など、「唇」の〈乾湿〉の箇所には、「小さくつぼんだ唇はまことに美しい蛭(ひる)の輪のように伸び縮みがなめらかで、黙っているときも動いているかのような感じだから、もし皺があったり色が悪かったりすると、不潔に見えるはずだが、そうではなくて濡れ光っていた」という川端康成『雪国』の例などが並ぶ。

　また、「肌」の〈粗滑〉の箇所には、「その肌の滑らかさいくら抱き〆(し)めて見ても抱き〆めるそばからすぐ滑りぬけて行きそうな心持」という永井荷風『腕くらべ』の例など、「体つき」の

〈短軀〉の箇所には「そのずんぐりした体軀はまったくビール樽そっくりで、歩いてゆくというより転がってゆくという方が当っていた」という北杜夫『夜と霧の隅で』の例など、「匂」の箇所には、「あやしい女の踵の膏じみた匂い」という室生犀星『性に眼覚める頃』の例など、さらに、「印象」の〈女〉の箇所には、「痩せた婆さんで、引込んだ眼や、こけた頰や、それが謙作に目刺しを想わせた」という志賀直哉『暗夜行路』の例などが現れて、読者は思わずはっとしたり、にやりとしたりする。

それより二〇年ほど前に、国立国語研究所の当時の岩淵悦太郎所長から、吉川英治の出版社から喜怒哀楽の本を出すよう勧められ、四苦八苦の末に何とかまとめたのが、一九七九年に六興出版から出た中村明『**感情表現辞典**』で、さいわい四〇年近く経過した現在も東京堂出版で版を重ねている。

文学作品から手当たり次第に心理描写の例を採集したまではよかったが、まさかそれを五十音順に並べるわけにはいかない。心理学の文献などを参照しても、「快―不快」などがはっきりしているほかは厳密な下位分類が、少なくとも当時は確定していなかった。「喜怒哀楽」の「喜」と「楽」とはどこかでつながりそうな気がするし、また、その四分類だけでは粗っぽすぎて実際の役に立ちにくい。そこで、やむなく、集まった言語データを分析して、そこから帰納的に類別を試みた。その際、一つ一つに何の意味もない数字やアルファベットの代わりに、象徴的な意味を持たせうる漢字を記号のように利用した。

その結果、文章表現を素材として見た感情の諸相は、「慶・喜・謝・幸・誇・楽・明・爽・快・温・浮・恍・躍・弾・笑・怒・憤・屹・不愉快・煮・癇・不機嫌・悲・淋・怖・恥・辱・好・厭・嫌・憎・悔・妬・惑・鬱・悄・苦・焦・苛・緊・昂・動・安・驚・衝・呆」という四六種の広がりが観察された。

その一次資料を基礎として、表現の言語形式に着目しながら検討を加え、いくつかを統合する形でしぼりこみ、結局この辞典では、〈喜〉〈怒〉〈哀〉〈怖〉〈恥〉〈好〉〈厭〉〈昂〉〈安〉〈驚〉の一〇類に大別し、それに〈複合〉感情を添えて分類排列している。

〈喜〉類には、「白い花弁がぼそぼそ散りかかってそれが肩の上に融けてしまいそうな美しい喜び」という檀一雄『花筐(はながたみ)』の例、「そんなにして金を扱うということが、妻にとっては、新鮮な喜びらしいのだ」という上林暁『聖ヨハネ病院にて』の例、「恐怖がそのまま輝くような喜びを味わっていた」という津島佑子『鳥の夢』の例、「人間にはどうしてこんなに深いよろこびが与えられているのだろう、まぶしいような」という武者小路実篤『友情』の例などがずらりと並んでいる。

〈怒〉類には「青野さんは激怒して、僕の後を追って土足の儘(まま)座敷に上って来た」という小沼丹の随筆『大先輩』の例など、〈哀〉類には「突然匕首(あいくち)のような悲しみが心に触れた」という梶井基次郎『冬の日』の例など、〈怖〉類には「その恐怖のかたちをあらわに眼で見るとなれば、生温く血まみれな、ぐにゃりとしたものになるであろう」という堀田善衛『鬼無鬼島』の例など、〈恥〉類には「母の羞恥心が端的に息子の心にのりうつった」とし、「ヒリヒリと痛いような恥ずかしさを彼の心に植えつけた」と展開する安岡章太郎『海辺の光景』の例など、〈好〉類には「或るひとが恋いしくて、恋いしくて」から「両足の裏に熱いお灸を据え、じっとこらえているような、特殊な気持になって行った」と続く太宰治『斜陽』の例などが出てくる。

さらに、〈厭〉類には「それはあたかも目に見えない毒物のように、生理的な作用さえも及ぼして来る、最も堪えがたい種類の嫌悪であった」という芥川龍之介『枯野抄』の例など、〈昂〉類には「明子の感情は始終、ヒステリックな高音を保ちつづけていた」という佐多稲子『くれない』の例など、〈安〉類には「それを聞くと、私はほどけました。体が楽になりました」という吉田知子『無明長夜』の例などが現れる。

最後の〈驚〉類には、尾崎一雄『玄関風呂』からこんな場面が引用されている。風呂桶を安く買ったものの風呂場がないので玄関の土間に置いたという。ある日、尾崎は「うちでは玄関で風呂をたてているよ」とその話をすると、井伏鱒二は目を丸くして、「君とこの玄関は、随分たてつけがいいんだね」と言ったらしい。「これには、こっちが目を丸くした」と、尾崎はいかにも呆れたように書いている。そして、〈複合〉感情として、庄野潤三の『ザボンの花』から「何か

24
描写や表現の辞典

愉快なような、笑い出したくなるような、しかしその底は変にさびしい、妙な気持になって来るのであった」という例などを掲げている。

　このユニークな辞典を世に出して間もなく、恩師の心理学の大家波多野完治博士から、「世界に類のない仕事で、あなたの傑作です」と書いた手紙が届く。「身に余る励ましのおことば」と感じるのは当然だが、よほど嬉しかったと見えて、東京堂出版の「あとがき」にそんな私事まで披露し、照れ隠しか、「傑作云々」は「ことばの彩」などとおどけながら、感情表現を分類する試みは、ひながたがなく暗闇で手探りする心許（こころもと）ない状態だったと当時を振り返っている。

　なお、比較的最近、真田信治・友定賢治『**県別　方言感情表現辞典**』（東京堂出版）という本が現れた。例えば、標準語で「あれはまったくつまらない芝居だった」という意味のことを方言でどう言うか、県別に調査した結果を辞典の形にまとめたものである。「つまらない」に対応する部分を紹介すると、青森県の津軽では「おもしぇぐね」、同じく南部では「はんかくせー」、岩手県では「あさっぺねあ」など、秋田県では「やじがね」、山形県では「おもしぇぐね」、栃木県では「へでなし」、千葉県では「おもしろんもねー」、東京都では「くだらない」、新潟県では「だっちもね」、富山県では「あいそもない」、福井県では「おもっしょねー」、山梨県では「だっちゃねー」、岐阜県では「おぞくたい」、愛知県では「たるいー」、京都府・大阪府・兵庫県・奈良県・和歌山県では「しょーもない」、島根県では「げーがね」、広島県では「さえん」、福岡県では「しかとむなか」、佐賀県では「がとなか」、鹿児島県では「おもしとかなか」、沖縄県では「うむこーねーん」などと報告されている。

『感情表現辞典』初版から一六年後に、同じく中村明による『感覚表現辞典』(東京堂出版)があたかも姉妹編のように刊行された。文学作品から新しく採集した感覚的な描写の例を、そこに描かれるトピックによって、〈光影〉〈色彩〉〈動き〉〈状態〉〈音声〉〈音響〉〈嗅覚〉〈味覚〉〈触感〉〈痛痒〉〈湿度〉〈温度〉に分類し、最後に、感覚的な存在でない対象を感覚的に描き出した例を〈感覚的把握〉として添えた構成になっている。

〈光影〉類には、「廊下の雨戸をほそ目にあけると、刃のようにつめたいひかりが、むごいほど白く、志乃の裸身を染めるのである」という三浦哲郎『忍ぶ川』の例など、〈色彩〉類には、「あの檸檬が好きだ。レモンエローの絵具をチューブから搾り出して固めたようなあの単純な色も、それからあの丈の詰った紡錘形の恰好も」という梶井基次郎『檸檬』の例など、〈動き〉類には、「飛沫がざっざっとかかる。(風で)髪がこわれるように吹き靡いた。袖が邪魔っけにはたはたした」という幸田文『おとうと』の例などが、〈状態〉類には、「(脳味噌の模型は)二色の合成着色料で色付けした細めのスパゲティーが、もつれ合っている感じだった」という小川洋子『冷めない紅茶』の例などが並んでいる。

また、〈嗅覚〉類には、「病院特有の強い消毒薬の匂いはなく、そのかわり汗と果実のまじりあったような臭気に満ちていた」として「血糊の匂い」と出る宮本輝『螢川』の例など、〈味覚〉類には、「舌にころげたその梅干は、最初の舌ざわりは塩のふいた辛いものだったが、やがて、舌の上で、ぼく自身がにじみ出すつばによって、丸くふくらみ、あとは甘露のような甘さとなった」という水上勉『土を喰う日々』の例など、〈触感〉類には、「新しい著物（きもの）はふっくりしていて、著る人をもふっくりさせる」という幸田文『流れる』の例など、〈乾湿〉類では、「皮膚が油気もなく乾いているのに、背骨だけはじとじとと湿っている」という幸田文『おとうと』の例など、〈温度〉類には、「空気が凍って固型の微粉になったような冷たさが顔の皮膚にはね返る、そんな独特の寒さ」という角田房子『牡蠣（かき）の季節』の例などが出てくる。

最後に添えた〈感覚的把握〉というのは、「感性なるものが、書かれてある文章の表からではなく、削り取られた、あるいはあえて書かなかったであろう行間の痕跡から、確かにめらめらと漂ってくることに気づいたのである」という宮本輝『二十歳の火影（ほかげ）』の例のように、本来感覚的な存在ではない対象を感覚的にとらえて描き出す例である。

同じ著者が二〇一七年に、対象を音声・音響だけにしぼって解説を加えた辞典を発表した。ずばり中村明『**音の表現辞典**』（東京堂出版）と題する本である。表紙カバーに「ヌハハハ」「フフフフ」「カンラカンラ」「ケタケタ」などとあるところから、一瞬、擬音語の辞典を連想するかもしれない。が、目標としては、もちろんそのオノマトペの工夫をも含めて、日本人はさまざまな音を日本語でどう表現してきたかを、実際の用例をとおして考えてみようというところにあり、この本はそのささやかな試みである。

全体が大きく【音声】と【音響】に分かれるが、純粋に音質だけではない【口調】の部分を独立させて三分類として扱っている。ここでも【音声】と【口調】の部には、『人物表現辞典』以来しばしば愛用している漢字一字を記号のように象徴的に使う方法を採用して、【音声】の部は〈大〉〈囁〉〈高〉〈裏〉〈渋〉〈太〉〈重〉〈固〉〈冴〉〈透〉〈涼〉〈濁〉〈乾〉〈粘〉〈暗〉〈甘〉〈軟〉〈温〉〈沈〉〈呻〉〈騒〉など九三種に分類し、【口調】の部も同様に〈鋭〉〈荒〉〈弾〉〈遅〉〈怒〉など一六種を立てた。

【音響】の部は、その音を発する主体別に〔人間〕〔動物〕〔物体・現象〕に三分し、それぞれの内部を〈髪〉〈洟（はな）〉〈寝息〉〈口笛〉〈歯〉〈屁〉〈拍手〉〈靴音〉、〈犬〉〈猿〉〈蛙〉〈鳩〉〈家鴨（あひる）〉〈蜂〉〈蝿〉、あるいは〈自動車〉〈船〉〈飛行機〉〈扉〉〈階段〉〈箒（ほうき）〉〈花火〉〈川〉〈雷〉〈楽器〉〈落下〉〈爆発〉〈食〉など、各何十ものトピックを立てて整理してある。

具体例を示そう。【音声】では、〈小〉に「何かを味わうような小声」という川端康成『名人』の例、「口だけではなく声までも拭くように、そのつど息を吹きこんだ声をだした」という井上光晴『地の群れ』の例などがある。〈低〉では、「ひくい声でそう言ったのであるが、あたりの静かなせいか、僕にはそれが異様にちかちか痛く響いた」という太宰治『彼は昔の彼ならず』の例があり、「ある種の低い声が聞く者に重い刺激を与える傾向があるのだろう」という解説が続く。〈丸〉では、「円くあいた唇のおくからぴやぴやした声がまろびでる」という中勘助『銀の匙』の例を取り上げ、「ぴやぴや」という創作的なオノマトペを用い、「転がり出る」と球体のように扱うことにより、声の艶やかな滑らかさを際立たせた印象的な描写としていつまでも読者の耳に残ると評する。【口調】の〈苦々〉には「しんからいまいましそうに、多少とげとげしい口調で」という太宰治『富嶽百景』の例、〈遅〉には「歯の間から言葉を一つ、一つ、おし出すように区切りをつけて強く言った」とあり、そのことばを「ひ・ど・い・人！」と表記する吉行淳之介『原色の街』の例が出てくる。

【音響】の〔人間〕の〈舌〉には「ぴちゃぴちゃ音を立て、極めて下品な舌なめずりをした」という筒井康隆『イチゴの日』の例、〈靴音〉には「ザッザッ、ザッザッと規則正しくふみしめる靴音は、津波のように迫って」という宮本百合子『風知草』の例が出る。〔動物〕の〈猫〉には「地の底から湧いてくるような、「ブニャー」という押しつぶした憎たらしい声」という群ようこ『ネコの住所録』の例、〈狐〉では、「シャアッ　シャアッ」という瀧井孝作『伐り禿山』の例を記し、この作家を訪問してこの経緯について直接聞いた話を織り込む。〈雀〉には「ちゅちゅ、ちゅちゅ、ちゅちゅちゅっちゅっ」という北原白秋『雀の生活』の例など。〈油蟬〉では「あぶら蟬があつさをかきたてるように鳴いている」という阿川弘之『雲の墓標』の例を引き、この蟬の「じーじー」鳴く声を聞くと、よけい暑さが増して、じりじりと堪えがたい感じがするのだろうと表現鑑賞を添えている。〔物体・現象〕〈自動車〉には「ワイパーをぺしゃこ、ぺしゃこ、ぺしゃこ、ぺしゃこと動かして」という村上春樹『遠い太鼓』の例、〈笛〉には「笙(しょう)の笛」を「ひゅひい」と描く中勘助『銀の匙』の例もある。

【音声】の〈笑〉で、実例の前に、オノマトペそれぞれの感触の違いを述べている。「うはうは」は予想以上の大きな満足感に自分の品位も忘れるほど笑いがこみあげる場合に使われ、おかしさに堪えかねるという状況や、わが意を得た、しめしめという気分を表すには、「うふっ」や「うふふ」が使われ、気分よく声高に笑う場合には「からから」が使われる。少し声を忍ばせながら続けて笑う場合には「くすくす」、思わず噴き出すように少し声を出して笑う場合には「くすっ」、口を開かずに軽く噴き出す場合には「くすん」という形がぴったりとくる。「はっはっは」はいくらか優越感をもった態度で、口を大きく開いて笑う感じ、「あっはっは」はさらに活発な笑い方、「あははは」となると、高らかに響く感じの笑い方で、「うひひ」は露骨な喜びを抑えつつも満足感からこみあげてくる笑い声で、「うふふ」は抑え気味の短い笑い声。「えへへ」は心の内を隠してその場をとりつくろう笑い声で、「えへらえへら」は顔の筋肉が弛緩したように締まりなく笑う感じで、隠すというより相手に取り入る雰囲気が漂う。

一方、「おほほ」は昔、大人の女性がたしなみを見せて控えめに口を開く笑い方を表したが、今では上品ぶってやや気取った感じで笑うのを揶揄するのに使う。「からから」は高笑いの声だ。「くっく」は笑いたいのを無理にこらえていて、つい洩らしてしまう笑い声で、「うふふ」や「くすくす」よりも、可笑しさの度合いが大きい。「くっ」は笑いが洩れそうになる感覚の段階だが、「くっくっ」「くつくつ」となると、こらえきれずに洩れてしまった笑い声となる。「けたけた」は無神経な感じで笑う奇妙な甲高い声、「げたげた」も無遠慮な笑い声だが、もっと低い声で、下品で卑しい。「けらけら」は屈託のない軽々しい笑い声で、「げらげら」は遠慮なく大声で笑う感じが強い。「ひひ」は薄気味悪い品のない笑い声、「ふふふ」はいたずらっぽい含み笑い、「へっへっ」は思いどおりに事が運んで得意になっているか、相手にへつらって卑屈な感じで発するか、いずれにしても下品な笑い声。また、「わはは」は「あはは」以上に、何のためらいもなく大声で豪快に笑う声を連想させる。こんなふうに大胆に言い切れるのが何より可笑しい。

尾崎一雄『毛虫について』の「無数の口によって発せられる音のない音」や、宮本輝『螢川』の雪のけはいが「しんしんと迫ってくる」といった無音の描写には凄みが感じられる。

25 ことばと笑い

ユーモアを解さないと大統領になれないという国もある中で、日本では喜劇が悲劇より一段下に見られてきたが、時代は変わった。ことば遊びの辞典からユーモア辞典類を散策し、本書の校正中に出たばかりの、日本語の笑いの技法を分類・整理した集大成の辞典を披露して開豁（かいかつ）な心で羽ばたこう。

日本語の遊戯的な側面を扱ったものとしては、一九五九年末に出た鈴木棠三編『ことば遊び辞典』がある。今、手許にあるのは、それから二二年後に資料を三割ほど補充して再編した『新版ことば遊び辞典』（東京堂出版）で、三段組にして一〇〇〇ページを超える大著である。全体が「なぞ」「しゃれ」「戯語」に三分され、それに解説編が付いている。

Ｉの「なぞ」には、「頭のしくじりをお尻で直す」ものは「ゴムつきの鉛筆」、「顔が六つで目が二十一」は「さいころ」、「黒くて赤くて白いもの」は「炭」、「濡れた着物をきて乾いた着物をぬぐもの」は「物干し竿」、「用のある時寝ていて用のない時起きるもの」は「琴」など、各地方で採集された膨大な数の例が載っている。ほかに、「あすの晩まで置くとすえるもの」は「こんにゃく」（今夜食う）、「小商人（こあきんど）五円の札を持てあまし」は「釣鐘」（釣りがねえ）、「女房の供と見らるる馬鹿亭主」は「爪先」（妻が先）といった洒落系統の「考え物」も含まれる。

IIのずばり「しゃれ」とある部類には、「阿呆（果報）は寝て待て」「紫蘇（しそ）のうまさ（人の噂）も七十五日」「猫の化けたる寺（下戸の建てたる蔵）もなし」といった「地口（じぐち）」、「犬と猫の喧嘩で、にゃわんにゃわん（似合わん）」「蛙の小便で、いけしゃあしゃあ（池にシャアシャア）」「梨の木の上で昼寝で、この上なし」「山桜で、花より先に葉が出る（鼻より先に歯が出る）」といった「しゃれことば」、「言わぬが花の吉野山」「敵もさるもの引っ掻くもの」といった「むだ口」、「一句作っても詩（四）とは如何（いかが）—一度打っても碁（五）というが如し」「禿げ頭を薬缶とはいかに—尻をおかまというが如し」といった「無理問答」が含まれる。

IIIの「戯語」には、上から読んでも下から読んでも同じ音になる「田舎の家内」「色白い」「無かつた子出来たを抱きて炬燵（こたつ）かな」などの「回文」その他が集録されている。

一九六〇年にユーモア作家の玉川一郎が『私の冗談事典』（青蛙房）という本を出している。雑誌『笑いの泉』に連載した随筆タッチのコントを一冊にまとめたもので、「あとがき」には「小咄（こばなし）三三〇篇」とある。「お手洗いは？」と言われて、洗面器にお湯を入れて差し出したり、「蒲柳（ほりゅう）の質」というのを、蒲焼を食って花柳界に行くためにに質屋に行くことだと解釈したりする非常識な話が載っている。バーの片隅で「飲まねえ」と言って「ノーマネー」を響かせたり、「俺はカフェ」と言って「カフェオレ」を響かせたりする駄洒落系統の話もある。「右が総持寺、左が総爺」というのもその例で、鮮やかさより、むしろその無理がおかしい。

補聴器を買いに行ったら、このボタンを耳の穴にはめて、紐の先をチョッキのポケットに入れるとよいと店員が言うので、それだけで聴こえるようになるのかと半信半疑で尋ねると、耳から紐が垂れていれば誰でも大きな声で話してくれるからという説明が返ってくる。そんな心理的な引っかけの話なども並んでいるが、辞典の体裁にはなっていない。

一九六三年に同じ出版社から金子登『**ユーモア辞典**』が刊行された。「まえがき」によれば「ユーモア定義集」と「小咄辞典」を結びつけて辞書体に編纂した最初の試みという。「愛」「嘘」「火事」「結婚式」「出世」「聴診器」「日記」「罰」「牧師」「眼鏡」「用心」「留守」といった題材の五十音順に排列し、それぞれに定義を示し、それにあたる笑い話を添えた構成になっている。

例えば、「逢い引き」には「うれしい罪悪感」、「飢え」は「料理店でも我慢して食事ができる状態」、「乙女」には「人間の形をした詩」、「音楽」には「元手のかかった雑音」、「口紅」には「〈済〉印スタンプ」、「心づかい」には「費用がかからない慈善」、「死体」には「やっと身持ちの固くなった人」、「下着」には「見せるために隠す衣類」、「スキャンダル」には「有名税」、「税金」には「人民の人民による人民のためでない支払い」、「堕胎」には「愛情の下剤」、「道路」には「掘り返し練習場」または「自動車陳列場」とある。

また、「仲人」には「笑顔の人身売買商人」、「涙」には「香水より高くつく水」、「鼻」には「眼鏡安定機」、「不眠症」には「文化人の精神的おしゃれ」、「褒める」という動詞には「只の慈善事業」、「未来」には「人生預金残高」、「昔」には「実在しなかった、伝説的なよき日」、「闇」には「最高の美容師」、「ラブ・レター」には「第三者に読ますと必ず噴き出す文書」といった定義が用意されている。一般に皮肉な見方が多く、読んでいるぶんには楽しい。ちなみに、「笑い」は「微笑のクシャミ」だとか。

同じ二〇〇四年に同じ国書刊行会から、ともに野内良三編で『**ジョーク・ユーモア・エスプリ大辞典**』と『**ユーモア大百科**』という本が出ている。どうやら姉妹編らしく、似た装丁になっている。どちらもフランスを中心とする欧米ネタのようで、前著だけで七〇四編の小咄集、後著も八五四編のジョークを収め、両著合わせて一五〇〇を超える分量の一大笑話集を成している。

前著は、「穴」「言い訳」「嘘つき」「老い」「家系図」「着物」「サンタクロース」「政治家」「釣り」「長電話」「日曜日」「抜歯」「帽子」「耳鳴り」「役人」「冷蔵庫」「賄賂」といった題材のキーワードの五十音順に、それらのジョークを排列してある。例えば、「嘘つき」の箇所には、郵便箱が空っぽだと言われて中をあらためたら象がいた場合、どちらが嘘つきか、といったひねった話と、女が俺のことを頭がよくて勇気があると言ったと友達に話したら、そんな嘘つきとは結婚しないほうがいいと忠告された話が載っている。

後著は「浮気」「女心」「学校」「金」「子供」「怠惰」「病院」「娘」など三四のテーマの五十音順に並べ、それぞれの内部は「ずぶ濡れ」「腕時計」「肖像画」「運動会」「待ち時間」「天気予報」「返品」「有権者」「グルメ」「美容院」「高級車」「誘拐」「兇器」「募金」「ロシア女」といったキーワードの五十音順にジョークを排列してある。例えば、「男と女」の箇所には、相手の女に、どんなタイプの女性が好きか、美しい女？　それとも頭のいい女？　と尋ねられ、うっかり「どちらでもない。好きなのは君だけだ」と応じる話などが載っており、「税金」の箇所には、「低開発国への援助は、富める国の貧乏人の血税でまかなわれ、その恩沢に浴するのは貧しい国の金持ちである」といった皮肉な正論などが載っている。

要するに、両書とも内容は辞書というよりジョーク集なのだが、このような五十音順の排列を採用することによって、話題を検索しやすい辞典という体裁をなしている。

それから四年後の二〇〇八年に、筑摩書房から南伸坊の装丁で中村明『笑いの日本語事典』が刊行された。「事典」と名乗るだけに内容が整備されているが、五十音順の排列にはなっていない。思い出し笑い、薄ら笑い、照れ笑い、苦笑い、せせら笑い、ほくそ笑み、憫笑、嘲笑、冷笑など、実にさまざまな笑いがあるが、そのうち滑稽の笑いに焦点をしぼり、それもことばがからんで生じる〈おかしみ〉を対象に、そういう滑稽感を誘いだす条件を考えた試みである。

全体が大きくⅠ「技」、Ⅱ「人」、Ⅲ「心」と題する三部構成となっており、各部に「意外性」

(例　トコロテンとスパゲッティをミックスし、おしることとワインであえたトコロテン・ナポリ風)、「異質混入」(例　中年女にならないと、おおらかさも、図太さも、腰の太さも、男らしさも発達しない)、「擬人化」(例　どう云う料簡でひょっこりアンテナに止まったのか、郭公に訊いてみたい)、「下ねた」(例　言葉の使い方が上品で科学的で、コウセツという言葉はうまく考え出したもので、少しも淫猥な感じがしない)、「自虐」(例　売れることを目指して失敗するよりも、売れないことを目指して成功する方が、威厳を損なわないですむ)、「誤解」(例　「とりあえず二週間分の催眠薬を」「そんなに長く眠らなくても」)、「こじつけ」(例　二人で歩けば楽しいのに、男も女も一人で歩いているのは勿体ない)、「不可思議」(例　生涯に八十三回も結婚し、そのうち同じ女性と知らずに三回結婚)、「心のあや」(例　踊子たちは今頃揉んでもらっていることだろう。ああ、俺も按摩になりたい)といったポイントが、それぞれ一〇ずつ並んでおり、計三〇〇に分類されている。

　この章の最後にもう一つ、これも五十音順にはなっていないが、おかしみをもたらす日本語の発想と表現を体系化しようという大それた試みを紹介しておこう。成功すれば、名実ともに〝ことばの笑いの大辞典〟となるはずの壮大な企画である。どうやらその後、『**日本語　笑いの技法辞典**』と題して二〇一七年一一月二八日に岩波書店から刊行された模様だ。出る前から内容の見当がついているのは、著者がこの本と同一人物だからである。

　半世紀にわたり「ことば」と「文学」と「笑い」という三大テーマに遊んできたつもりの当人

としては、この企画を、『日本語　語感の辞典』および『日本の作家　名表現辞典』と並んで、それぞれの分野の集大成とも言うべき辞典三部作に位置づけるつもりなのかもしれない。この臆測、案外当たっているような気がするのは一体どういうわけか知らん？

その本の構成を山勘で推測すれば、「ことばの笑い博物館へようこそ」という、とぼけたイントロに続き、1「展開─流れの操作」2「間接─さりげなく遠まわり」3「転換─他のイメージに置き換えて」4「多重─ことばの二重写し」5「拡大─極端に誇張」6「逸脱─意表をつくズレ」7「摩擦─矛盾感で刺激」8「人物─人もいろいろ」9「対人─相手を意のままに」10「失態─失敗談に花が咲く」11「妙想─ものは考えよう」12「機微─人の世の味わい」という章立てになりそうな予感がしてならない。

そして、各章のとびらエッセイとして、それぞれの章で扱う笑いの技法を概観し、各章の末尾には、Q&Aの形式で、日常生活の中にある笑いを掘り起こすコラムを添えてユーモラスな話し方や書き方のヒントを与えつつ息抜きを図るような気がする。読者にとっても著者にとってもコーヒーブレークでホットしたいのだろう。それほど中身がぎっしり詰まっているらしい。

その肝腎の中身も大胆に予想してみよう。「展開」の章には「手順前後」「誤解誘導」「脱線・乗換え」「尻取り文」「思わせぶり」など三四節、「間接」の章には「曲言法」「皮肉法」「曖昧語法」「逆力説」など二〇節、「転換」の章には「連想」「直喩」「象徴」「擬人化」など一一節、「多重」の章には「類音連想」「駄洒落」「パロディー」「暗示引用」など一五節、「拡大」の章には「大仰」「誇張」「極論」「微差拡大」など一〇節、「逸脱」の章には「用語ずらし」「造語」「アンバランス」「無駄な言及」など二九節、「摩擦」の章には「無理な注文」「矛盾語法」「イメージ衝突」「飛躍」「詭弁」など三九節が並んで、笑いをもたらす表現の技術を説くのではあるまいか。

表現の言語操作だけでは説明のつかない「人物」の章には「強情」「怖がり」「欲張り」「気障」「奇癖」など三七節、「対人」の章には「秘術」「文脈操作」「機転」「揶揄」「おとぼけ」「あてつけ」など三四節、「失態」の章には「勘違い」「曲解」「本末転倒」「愚問」「非常識」など二四節、「妙想」の章には「偏見」「独断暴論」「屁理屈」「うやむや」など二四節、最後の「機微」の章には「複雑な心理」「発見」「風情」「ヒューマー」など一〇節が設けられ、おかしみの背景としての人間性や不思議な考え方、しみじみとした笑いへと登り詰めるような気がする。

以上の一二章に分かれる総計二八七の節が、どうやら、一二類二八七種に分類整理した笑いの技法の体系であるというつもりらしい。予想どおりに行けば、『笑いの日本語事典』の約十倍ものスケールとなるはずだ。が、そううまく運ぶかどうかは、なにぶんその本が実際に仕上がってみないことには……。えっ？　もう出たって？　どれ、どれ。ああ、これだ。

笑いの実例として、古典の和歌や俳句、江戸小咄、古今亭志ん生や柳家小三治らの落語、横山エンタツ・花菱アチャコ、夢路いとし・喜味こいしらの漫才、夏目漱石、井伏鱒二、尾崎一雄、木山捷平、佐々木邦、サトウハチロー、小沼丹、庄野潤三、井上ひさし、筒井康隆らの小説、内田百閒、福原麟太郎、徳川夢声、柳家金語楼、高田保、立川談志、清水義範、土屋賢二らの随筆、小津安二郎の映画その他、きわめて広い範囲から多彩な例が採録されていそうなけはいを感じる。ひょっとすると、自作の即興まで飛び出しそうで、厭な予感がする。

あの欠点だらけの人柄は、だからこそ捨てがたい味がある……「立ち去る前にどうか服装の調節を」と書いた共同便所の注意書き……鬼瓦で思い出したけど、嫁はンどないしてる？……西洋は西洋、日本は日本、地球が違う……下半身だけの銅像……ツァラトストラふりかけ……瓦斯(ガス)自殺をすると瓦斯代が要る……結婚するから離婚がある……ヨーロッパ一と称する靴屋と世界一と称する靴屋にはさまれたパリの古い小さな靴屋、看板に「入口はココ」……世界の馬鹿の数は自分で思うより一人多い……人体の材料費は七千円、それなのに何千万円も保険をかける……嘘はいざというときのためにとっておけ……世間にお金はいくらでもある。それを使えばいい……わが子の大きくなったのがちょっぴりさびしい母でした……子供の頭は日向に干した藁(わら)の匂いがする、それは日光の匂いだ……嫁ぐ娘の幸福感は親の喪失感とともに実現する……

なんだか、こんな例が出てくるような気がしていたら、ぴったり。どうにも不思議である。

26 文章表現法

文章表現に資する辞典活用の案内役を務めてきた最後に、まさに文章の書き方を指南する辞典を紹介して結ぶことにしたい。先駆的な試みに言及したあと、『日本語　文章・文体・表現事典』という一大スケールの試みに続き、『センスをみがく　文章上達事典』という一般向けの一冊を展示したい。

文章表現のための辞典の活用法を案内するこの本の最後に、総仕上げとして、まさに文章表現全般にわたる指導書の役目をする辞典をいくつか取り上げておきたい。

少し古いところでは、一九六五年に東京堂出版から刊行された、まさに『文章表現辞典』と題する辞典がある。明治生まれの広田栄太郎、大正生まれの村松定孝、昭和に入ってから生まれた神鳥武彦という三世代にわたる編者の共編となっている。五〇〇ページを超える厚い本であり、細かい項目もたくさん並んでいるが、項目執筆を担当した協力者が明記されていないから、先行文献を参考に三人の編者が手分けして書き下ろしたものらしい。

全体が小項目の五十音順になっているから、「アイロニー」「悪文」「あて字」、「名文」「命令表現」「メモの取り方」といった順に並び、通読してはまるで体系性がない。そこで、本文の前に「分類項目表」が付いており、内容が整備されている。まず、大きく「基礎知識編」「修辞編」「実用文法編」「表現方法編」「用字・表記編」に五分し、「基礎知識編」には「書くこと」「ことばと文字」「用語」「文字・表記」「文と文章」「文章様式」「表現内容」、「修辞編」には「文章の修辞」「修辞法」「文章の論理」「文章上の慣用句法」「文章手法上の術語」、「実用文法編」には「表現目的」「語形のゆれ」「助詞と表現」「文の構成」「敬語の表現」、「表現方法編」には「文章の種類に応じた書き方」「論文の書き方」「小説の書き方」「詩の作り方」「公用文の書き方」「商業通信文の書き方」「箇条書きのしかた」など、「用字・表記編」には「漢字の使い方」「かな書きする語」「外来語の書き方」「符号の使い方」などが収められている。そして、「書くこと」には「書けない理由」「推敲」など、「文章様式」には「韻文」「評論文」「文脈」など、「修辞法」には「擬人法」「比喩法」など、「俳句の作り方」には「季語」「切字（きれじ）」などが立項されている。

次に、一九七九年に同じく東京堂出版から出た樺島忠夫編『**文章作法事典**』を取り上げよう。樺島氏から寄贈されたサイン入りの本が手許にある。もちろん、初版の初刷だが、以下、これにのっとって、本の概要を紹介しよう。編者自身のほか、植垣節也・佐竹秀雄・中西一弘・中野洋が項目執筆に加わっている。これは五十音順ではなく、内容によって大きく五部に分かれる。

最初の「文章創造の技法」の部では、書く手順／ブレンストーミング／取材の方法／内容を作る／構想の基本的な型／書き出しの工夫などを取り上げ、次の「表記の技法」の部では、文字の使い分け／横書きの方法／句読点の打ち方／図表の書き方／分かち書きなどを取り上げている。その次の「表現の技法」の部では、悪文の要素／文の長さ／興味を引く書き方／視点／要約などを扱い、第四の「各種文章の書き方」の部では、叙事文／コラム／短編小説／説明文／報告・レポート／小論文／日記などを扱っている。最後の「組織と文章作法」の部では、型を利用する書き方／常例文システム／パラグラフ・システム／枠組みシステム／作文の機械化／文章作成マニュアルの項目などについて説明している。

　そして、実用に備え、「こんなときには、ここを読む」として、「あいまいな文章」「箇条書きのしかた」「推敲（すいこう）」「注のつけ方」「横書きのしかた」などを説明してあるページを示す目次が付いていることに象徴されるように、この本の特色は、徹底して文章表現の機能性を追求しているところにあり、いかに具体的に役立つかが成否を分けることだろう。

　二〇一一年に『**日本語　文章・文体・表現事典**』（朝倉書店）というB5判という大型で八三〇ページにも及ぶ大きな本が出ている。編集主幹の中村明のほか、日本語学の佐久間まゆみ・高崎みどり・半沢幹一、日本近代文学の宗像和重・十重田裕一が加わった共編で、編者のほか楠見孝・紅野謙介・小森陽一・笹原宏之・白藤禮幸・杉戸清樹・千葉俊二・東郷克美・中島国彦・仁田義雄ら二〇〇名を超える人材が項目執筆に加わっている。「事典」と名乗るだけに全体が五十音順ではなく、一〇章から成る体系的な構成となっている。

　第一章～第四章は用語解説で、順に「表現」「文章」「文体」「レトリック」という分野別に展開する。第一章の「表現用語」では、〈表現の基礎〉として「コミュニケーション」「言語行動」など、〈談話・口頭表現〉として「内言」「談話行動」など、〈談話の単位〉として「発話」「話段」など、〈談話の分類〉として「独話」「対話」「報告」など、〈文法〉として「文の構造」「文の成分」「待遇表現」など、〈語彙・意味〉として「文脈」「語種」「位相」など、〈文字・表記〉として「仮名遣い」「当て字」「句読点」など、〈表現研究〉として「表現論」「表現法」などを取り上げ、中項目主義を採用した関係で、それぞれ長めの解説をほどこしている。

　第二章の「文章用語」では、〈文章・文章表現〉として「文章構成の型」「箇条書き」「要約」「見出し」「推敲」など、〈文章の分類〉として「論説文」「広告文」「手紙文」「契約書」など、〈文章の単位〉として「連文」「疑問表現」「文段」「中心文」など、〈文章研究〉として「文章論」「テクスト言語学」「語用論」などを扱っている。

　第三章の「文体用語」では、〈文体の基礎〉として「表現様式」「文体印象」「間（ま）」など、〈文体の要因〉として「文体素」「色彩語」「語順」「配列」など、〈文章の文体分類〉として「散文・韻文」「地の文・会話文」「和漢混淆文」など、〈文芸のジャンル〉として「文芸的文章のジャンルと文体」など、〈散文のジャンル〉として「私小説」「紀行文」「童話」など、〈韻文のジャンル〉

として「詩型」「格調」「律文」など、〈話芸のジャンル〉として「落語」「義太夫節」など、〈文体研究〉として「語学的文体論」「文章心理学的文体論」などを立項して解説を加えている。

　第四章の「レトリック用語」では、〈総記〉として「弁論術」「文彩」などを扱ったあと、方法の背後に働く原理ごとに、〈配列〉として「漸層法」「照応法」など、〈反復〉として「対句法」「リズム」など、〈付加〉として「挙例法」「点描法」など、〈省略〉として「体言止め」「警句法」など、〈間接〉として「暗示的看過法」「皮肉法」など、〈置換〉として「直喩」「擬人法」など、〈多重〉として「引用法」「掛詞（かけことば）」など、〈摩擦〉として「現写法」「誇張法」などを取り上げて説明している。

　以上四分野の用語解説が終了した次の第五章は、「ジャンル別文体概観」と題し、「新聞の文体」「ラジオ・テレビのニュースの文体」「文芸評論の文体」など、ジャンルによる文体の差異に言及した概説となっている。

　次の第六章は「文章・文体・表現の基礎知識」と題し、「話しことば・書きことばの特質」「表現意図の種類」「書き出しと結びの要領」「参考文献の書き方」「改行のルール」「修飾のルール」「悪文の要素」など、実作にあたってとまどうような点を取り上げ、その要領を解説している。

　第七章は「目的・用途別文章作法」と題し、「投書・投稿文」「自分史」「リポート」「論文」「手紙」「スピーチ原稿」「小説」「童話」「戯曲」「詩」「短歌」「俳句」「公用文」「商用文」「広告」といったジャンル別に、それぞれの実作の要領を具体的に指導する。

次の二つの章は、文学作品の名作を取り上げ、具体的な例文を掲げてその表現に関する解説・鑑賞をほどこした一大資料集となっている。まず、第八章「近代作家の文体概説と表現鑑賞」では、福沢諭吉・二葉亭四迷・三遊亭円朝・坪内逍遙・森鷗外・樋口一葉・夏目漱石・佐々木邦・武者小路実篤・芥川龍之介・志賀直哉・内田百閒・江戸川乱歩・谷崎潤一郎・宮沢賢治・井伏鱒二・新美南吉・サトウハチロー・室生犀星・福原麟太郎・川端康成・太宰治・吉川英治・永井荷風・椋鳩十・小林秀雄・林芙美子・大岡昇平・三島由紀夫・安岡章太郎・吉行淳之介・松本清張・大江健三郎・松谷みよ子・安部公房・丸谷才一・司馬遼太郎・円地文子・藤沢周平・池波正太郎・向田邦子・村上春樹・池澤夏樹・小川洋子・川上弘美・津島佑子・井上ひさしといった実に二〇二人が対象となっている。純文学あり、国民文学あり、ユーモア小説あり、随筆あり、童話あり、実にヴァラエティに富んでいる。どの作家についても、まず作品の一節を引用し、その具体例の表現を分析・鑑賞し、次いで作品解説、作者の略歴が記されている。

第九章「近代の名詩・名歌・名句の表現鑑賞」はその韻文、詩歌編である。まず、〔名詩〕の部では、「賛美歌」「唱歌」「新体詩抄」に次いで、北村透谷・島崎藤村・上田敏・北原白秋・萩原朔太郎・西条八十・草野心平・三好達治・西脇順三郎・中原中也・高村光太郎・谷川俊太郎・新川和江・茨木のり子・吉増剛造ら五八人の詩人、〔名歌〕の部では、伊藤左千夫・正岡子規・

26
文章表現法

与謝野晶子・窪田空穂・若山牧水・石川啄木・斎藤茂吉・佐佐木信綱・土屋文明・木俣修・寺山修司・馬場あき子・俵万智・穂村弘ら一〇〇人の歌人、〔名句〕の部では、高浜虚子・河東碧梧桐・荻原井泉水・種田山頭火・飯田蛇笏・水原秋桜子・中村汀女・中村草田男・加藤楸邨・金子兜太・森澄雄・長谷川櫂ら一〇一人の俳人が取り上げられており、壮観である。いずれも作品例とその鑑賞・解説、それに作者の略歴が付く。

最後の一〇章は「文章論・文体論・表現論の文献解題」で、五十嵐力『新文章講話』、波多野完治『文章心理学』、小林英夫『文体論の建設』、時枝誠記『文章研究序説』、樺島忠夫・寿岳章子『文体の科学』、安本美典『文章心理学の新領域』、中村明『比喩表現の理論と分類』、佐藤信夫『レトリック感覚』など六三編、および、作家の手になる文章読本類を取り上げ、その解題、特に特色や魅力について紹介してある。

日常の実用辞典というよりは、文章・文体・表現の分野に関するゆたかな知識を培うために備えておく頼れる総合辞典という位置づけになるだろう。

この本の最終章の最後に、なぜか毎度おなじみになってしまった中村明という著者の『センスをみがく　**文章上達事典**』（東京堂出版）という軽～い本を紹介してお開きにしたい。二〇〇五年の秋に上製本として初版を刊行したが、二〇一六年の暮れにハンディーな新装版として生まれ変わったため、物理的に「軽く」なったのであり、表紙の帯に「入門からプロの技まで」含む「文章総合講座」と謳ってあるとおり、別に内容が「軽い」というわけではない。

帯に「魅力ある文章を書く59のヒント」と細かい数字が出てくる。それは、第一部「書く──文章をはっきりと」と題した基礎編24章と、第二部「練る──表現をゆたかに」と題した応用編21章と、第三部「研く──文体をしなやかに」と題した実践編14章との合計が59となるからである。

その基礎編にあたる第一部では、句読点のルール／記号類の活用／漢字・ひらがな・カタカナの使い分け／漢字の書き分け／ことばの選択／和語と漢語／擬声語・擬態語／修飾語を効果的に／並列／語順と表現意図／文末表現／文構造と文の筋／文の長さ／わかりやすい表現／あいまいな表現／文と文との接続／段落づくり／引用を明記する／敬語表現／読者への配慮／執筆態度を明確に／構想と展開／文章の調子／推敲という、文章を書く際にとまどいやすい点をひととおり見渡し、それぞれの基本的な技術を簡潔に説明して、文章執筆の基礎固めを図っている。

次の応用編にあたる第二部では、情報待機／漸層・漸降／倒置表現／反復法／尻取り文／リズムのある文章／対句表現／挙例法／列挙法／省略法／名詞止め／否定表現／婉曲表現／反語表現／比喩表現／擬人法／洒落／パロディー／現写法／誇張表現／逆説という、各種のレトリックを中心とする表現技法をいずれも実例とともに具体的に解説し、多彩な技術で読み手をひきつける技が身につくように導いている。

最後の実践編に相当する第三部では、語感／書き出し／結び／書き手の視点／人物描写／心理描写／感覚描写／自然描写／表現の深さ／表現の〝間〟／余韻・余情／ユーモア／スタイル／文章の雰囲気といった、文章の深い魅力をつくりだす要素について語り、さらに味わい深い言語作品へと表現を研(みが)きあげるヒントを探っている。

冒頭から、あるいは読者各自の段階に応じて必要な章から、通読するのにふさわしい構成となっているが、巻末にある五十音順の内容索引を活用して、ずばり読みたい箇所に直行する、まさに事典としての利用法も有効だろう。そこには「足もとのおしゃれ」「移動する視点」「いやいや読む人の身になって」「打ち消すのもレトリック」「おかしくものを見る哲学」「書かないで済ませる」「気持ちを投影させる技法」「ギュッと締めて、フワッと放す」「軽快なテンポ」「言外の意味」「誤解の芽を摘む」「心のひだを映し出す」「作品の息づかい」「サスペンスをつくりだす」「しずくのような一行」「上質のユーモア」「心象風景の点描」「吸いこむようなリズム」「捨て去るのがコツ」「創造的な〈間〉」「ためらっているようなけはい」「宙ぶらりんの修飾語」「手を抜くと文が長くなる」「とぼけた反語」「難解な余情」「ニュアンスを書き分ける」「弾むように展開」「バランス感覚の欠如」「万物と語らう」「表現者の影」「表現の深さ」「風景に体温を添えて」「浮遊する視点」「文学空間を構築」「文内の余白」「雅(みやび)の世界を創出」「もう読まずにはいられない」「立体的列挙法」「臨場感を高める」「論理を超えて」「わかりにくさの構造」といった魅力的な項目が並んでいる。

数百冊とも言われる文章作法書から自分向きの一冊を選び出すちょっとしたコツを伝授して、このとぼけた辞書案内の筆を擱(お)こう。これまで文章作法の本がろくな文章で書かれたためしがない――学部時代からの恩師波多野完治先生の持論である。日ごろそういう本を読まない身には、それが事実かどうかは知らない。しかし、それが大問題であることだけははっきりしている。すぐれた文章作法書を選ぶ第一のポイントは著者の文章力だからだ。

その本で説いている心構えや技術を著者なら当然身につけているはずだし、著書はその実践編であるべきだから、もしもその文章が下手くそならば、理論をすべてマスターしてこの程度かと思われてしまう。そこに何が書いてあるかというより先に、自分もこういう文章を書けるようになりたいと思わせる魅力ある文章になっていることが肝要だろう。

ここまで書いたら、急に書きにくくなった。そこで話題の先をひねろう。あとは読者と著者との相性である。ちょいと気どって美意識とほんの少しの含羞と書きたいのだが、なぜかたしなみが気になる。

言及辞典目録

・本書の中で紹介している辞典・事典類を収録順に掲載しています。
・末尾に＊印がついているのは、絶版や品切れなど、二〇一八年現在入手が難しいものです。
・本文中では著者個人蔵の辞典類を元に紹介していますが、この目録では入手可能な版を優先して記載しています。

1

『新世紀百科辞典』第2版　一九七八年＊↓金田一春彦・石毛直道・村井純『新世紀ビジュアル大辞典』一九九八年　三一〇六頁　A5判（学習研究社）

『日本大百科全書』全二五巻　一九八四〜一九八九年　A4判（小学館）＊

北村一夫『落語風俗事典』↓現代教養文庫　上巻一九七八年　四三四頁　下巻一九七九年　四三〇頁　文庫判（社会思想社）＊

2

『角川日本地名大辞典』全四七巻　一九七八〜一九九一年　菊判↓CD-ROM版（角川書店）

北村一夫『落語地名事典』現代教養文庫　一九七八年　三九二頁　文庫判（社会思想社）＊

北村一夫『落語人物事典』現代教養文庫　上下巻一九七八年　二九〇・二九二頁　文庫判（社会思想社）＊

上田正昭ほか『コンサイス日本人名辞典』一九七六年↓二〇〇九年　第5版　一六〇〇頁　B6変判（三省堂）

『外国人名大辞典』二〇一三年　三六〇八頁　B5判（岩波書店）

吉田精一『近代名作モデル事典』一九六〇年　三四八頁（至文堂）＊

3

桑木厳翼『哲學辭典』一九三八年　五三二頁　新書判（成光館出版部）＊

栗田賢三・古在由重『岩波　哲学小辞典』一九七九年　三二八頁　B6判（岩波書店）＊

末吉雄二ほか『世界美術大事典』全六巻　一九八八

〜一九九〇年　A4変判（小学館）
日本色研事業株式会社『色名小事典』改訂版　一九八八年　九〇頁　B5判（日本色研事業）＊
伊原昭『日本文学　色彩用語集成』上代一〜近世　一九七五〜一九八六年　A5判（笠間書院）＊
『料理食材大事典』一九九六年　九六〇頁　B5判（主婦の友社）
中山圭子『事典　和菓子の世界』二〇〇六年　三二四頁　四六判（岩波書店）＊
『園芸百科事典』一九七一年　七〇四頁（主婦の友社）

4

水原秋櫻子ほか『日本大歳時記』全5巻　一九八一〜一九八二年　A4変判（講談社）
『四季のことば辞典』西谷裕子編　二〇〇八年　四〇〇頁　四六判（東京堂出版）
森澄雄『名句鑑賞事典』一九八五年　二六二頁　四六変型判（三省堂）＊
馬場あき子『日本名歌小事典』一九八四年　二五八頁　四六変型判（三省堂）＊

5

『世界文学大事典』全六巻　一九九六〜一九九八年　B5判（集英社）
秋山虔ほか『日本古典文学大辞典』全六巻　一九八三〜一九八五年　四六変判（岩波書店）＊
日本近代文学館『日本近代文学大事典』全六巻　一九七七〜一九七八年　B5判（講談社）＊
浅井清・佐藤勝『日本現代小説大事典』二〇〇四年　一六六六頁　A5判（明治書院）

6

森下松衛『中等作文辞典』一九〇四年　五八二頁　文庫判（明治書院）＊
倉沢栄吉・井上敏夫『新作文指導事典』一九八二年　五八二頁　B5判（第一法規出版）＊
井上敏夫・倉沢栄吉・滑川道夫「学習指導百科大事典　エベレスト」滑川道夫監修　第三巻『国語』一九八〇年　五六〇頁（国際情報社）＊
国語教育研究所『国語教育研究大辞典』一九九一年　九六二頁　A4判（明治図書出版）
文化庁『外国人のための基本語用例辞典』一九七一年　一三〇八頁　A5判（大蔵省印刷局）＊
社団法人日本語教育学会『日本語教育事典』一九八二年→『新版日本語教育事典』二〇〇五年　一一七〇頁　A5判（大修館書店）

7

国語学会『国語学大辞典』一九八〇年　一二五六頁　B5判（東京堂出版）＊

佐藤喜代治『国語学研究事典』一九七七年＊→『日本語学研究事典』二〇〇七年　一三四〇頁　B5判（明治書院）

杉本つとむ・岩淵匡『日本語学辞典』一九九一年　二六八頁　B6判（桜楓社）＊

野村雅昭・小池清治『日本語事典』一九九二年　二九八頁　四六判（東京堂出版）＊

北原保雄『岩波　日本語使い方考え方辞典』二〇〇三年　五五六頁　B6判（岩波書店）

金田一春彦・林大・柴田武『日本語百科大事典』一九八八年　一五〇六頁　B5判（大修館書店）

8

松村明『日本文法大辞典』一九八八年　一〇五四頁　A5判（明治書院）＊

『日本文法事典』一九八一年　六〇〇頁　A5判（有精堂出版）＊

林巨樹ほか『日本語文法がわかる事典』二〇〇四年　三二〇頁　四六判（東京堂出版）

グループジャマシイ『日本語文型辞典』一九九八年　六九四頁　A5判（くろしお出版）

9

中村明『文章プロのための　日本語表現活用辞典』一九九六年　七〇四頁　B6判（明治書院）

金田一秀穂『知っておきたい　日本語コロケーション辞典』二〇〇六年　四〇〇頁　A5判（学習研究社）

小内一『逆引き頭引き　日本語辞典』→『究極版逆引き頭引き日本語辞典』講談社＋α文庫一九九七年　九六〇頁　文庫判（講談社）＊

小内一『てにをは辞典』（三省堂）二〇一〇年　一八二四頁　B6判

小内一『てにをは連想表現辞典』二〇一五年　一三一二頁　B6判（三省堂）

10

北原保雄ほか『日本国語大辞典』全二〇巻　二〇〇〇〜二〇〇三年　B5変判（小学館）

西尾実・岩淵悦太郎・水谷静夫『岩波国語辞典』一九六三年→第七版　二〇一一年　一七二八頁　B6判（岩波書店）

11

新村出『広辞苑』一九五五年→第7版　二〇一八年

三二一六頁　菊判（岩波書店）
時枝誠記・吉田精一『角川　国語中辞典』一九七三年↓第9版　一九八一年　二三九八頁　A5判（角川書店）＊
林大『言泉』（小学館）一九八六年　二六三六頁　A5判
松村明『大辞林』一九八八年↓第3版　二〇〇六年　二九七六頁　B5変判（三省堂）
梅棹忠夫ほか『日本語大辞典』一九八九年↓カラー版第2版　一九九五年　二五四四頁　B5判（講談社）＊
松村明『大辞泉』一九九五年↓第2版　二〇一二年　三九六八頁　B5判（小学館）
金田一春彦・池田弥三郎『学研　国語大辞典』↓第2版　一九八八年　二二七〇頁　A4判（学研プラス）＊

12

西尾実・岩淵悦太郎・水谷静夫『岩波　国語辞典』↓第7版　二〇一一年　一七二八頁　B6版（岩波書店）
山田忠雄・柴田武ほか『新明解国語辞典』一九七二年↓第7版　二〇一一年　一七二八頁　B6判（三省堂）
見坊豪紀ほか『三省堂国語辞典』一九六〇年↓第7版　二〇一四年　一七六〇頁　B6変型判（三省堂）
北原保雄『明鏡国語辞典』二〇〇二年↓第2版　二〇一〇年　一九五四頁　B6変判（大修館書店）
沖森卓也・中村幸弘『ベネッセ表現読解国語辞典』二〇〇三年　一六六四頁　B6変型（ベネッセコーポレーション）
山田俊雄・築島裕・白藤禮幸・奥田勲『新潮現代国語辞典』一九八五年↓第2版　二〇〇〇年　一六九六頁　A5判（新潮社）
金田一京助・佐伯梅友・大石初太郎・野村雅昭『新選国語辞典』一九五九年↓第9版　二〇一一年　一六〇二頁　B6変判（小学館）
大野晋・田中章夫『角川必携国語辞典』一九九五年　一五〇四頁　B6判（角川書店）
中村明『日本語　語感の辞典』二〇一〇年　一一九六頁　四六判（岩波書店）
森岡健二・徳川宗賢・川端善明・中村明・星野晃一『集英社国語辞典』一九九三年↓第3版　二〇一二年　二一六〇頁　B6判（集英社）

福原麟太郎・山岸徳平『国語新辞典』一九五二年↓復刻版　二〇一〇年　一七五二頁　B6判（研究社）

13

山田俊雄ほか『新潮国語辞典』第2版　一九九五年　二四四四頁　A5判（新潮社）＊

金田一春彦・辻村敏樹ほか『新明解古語辞典』一九七二年↓第3版　一九九五年　一四四〇頁　B6変型判（三省堂）

大野晋・佐竹昭広・前田金五郎『岩波 古語辞典』一九七四年↓増訂版　一九九〇年　一五五四頁　B6版（岩波書店）

芹生公男『現代語から古語を引く辞典』二〇〇七年　八九六頁　B6変型判（三省堂）

古橋信孝ほか『現代語から古語を引く 現古辞典』二〇一二年　三五二頁　四六判（河出書房新社）＊

14

東条操『全国方言辞典』一九五一年　九〇〇頁　B6判（東京堂出版）

大岩正仲・徳川宗賢『日本方言大辞典』全3巻　一九八九年　B5変判（小学館）

佐藤亮一『標準語引き 日本方言辞典』二〇〇三年　一五〇六頁　A5判（小学館）

佐藤亮一『都道府県別 全国方言辞典』二〇〇九年　四八〇頁　B6判（三省堂）

秋永一枝『東京弁辞典』二〇〇四年　六九六頁　A5判（東京堂出版）

15

NHK放送文化研究所『日本語発音アクセント辞典』一九七九年↓『日本語発音アクセント新辞典』二〇一六年　一七六四頁　B6判（NHK出版）

金田一春彦・秋永一枝『新明解 日本語アクセント辞典』二〇〇一年　↓第2版　二〇一四年　一五五二頁　B6判（三省堂）

16

小川環樹・西田太一郎・赤塚忠ほか『新字源』一九六八年↓改訂新版　二〇一七年　一七七四頁　A5判（角川書店）

菅原義三・飛田良文『国字の字典』一九九〇年　↓新装版　二〇一七年　二〇八頁　A5判（東京堂出版）

落合淳思『甲骨文字小字典』二〇一一年　三五二頁　四六判（筑摩書房）

笹原宏之『当て字・当て読み　漢字表現辞典』二〇一〇年　九一二頁　A5判（三省堂）
飛田良文『まちがいやすい同音語の　漢字使い分け辞典』一九九四年　三五八頁　B6判（旺文社）＊
中村明『漢字を正しく使い分ける辞典』二〇〇六年　四五二頁　新書判（集英社）＊
続木湖山・佐々木寒湖『字の上手になる辞典』一九七七年　四一六頁　（旺文社）

17
荒川惣兵衛『角川外来語辞典』一九六七年　一五三四頁　B6判（角川書店）＊
楳垣実『外来語辞典』一九六六年　五二八頁　四六判（東京堂出版）＊
岩波書店辞典編集部『四字熟語辞典』二〇〇二年　八〇四頁　B6判（岩波書店）
中村一男『反対語大辞典』一九六五年　五五二頁　B6判（東京堂出版）
天沼寧『擬音語・擬態語辞典』一九七四年　三九六頁　B6判（東京堂出版）＊
山口仲美『暮らしのことば　擬音・擬態語辞典』二〇〇三年→講談社学術文庫　二〇一五年　六〇八頁　A6判（講談社）

中村明『分類　たとえことば表現辞典』二〇一四年　三五二頁　四六判（東京堂出版）
宗田安正『詳解俳句古語辞典』二〇〇五年　五四〇頁　B6判（学研プラス）＊
佛渕健悟ほか『五七語辞典』二〇一〇年　四四八頁　四六判（三省堂）
岩波書店辞典編集部『逆引き広辞苑』→第五版対応　一九九九年　一二五二頁　菊判（岩波書店）＊

18
芹生公男『現代語から古語が引ける古語類語辞典』二〇一五年　二一六〇頁　B6判（三省堂）
藤原与一・磯貝英夫・室山敏明『表現類語辞典』一九八五年→　新装版　二〇〇九年　一一二四頁　B6判（東京堂出版）
浜西正人・大野晋『角川　類語新辞典』一九八一年　九三二頁　A5判（角川書店）＊
柴田武・山田進『類語大辞典』二〇〇二年　一七九一頁　A5判（講談社）
中村明『新明解　類語辞典』二〇一五年　一六一六頁　B6判（三省堂）

19
徳川宗賢・宮島達夫『類義語辞典』一九七二年

四六四頁　B6判（東京堂出版）

森田良行『基礎日本語辞典』一九八九年　一二九二頁　B6判（角川書店）

小学館『使い方の分かる　類語例解辞典』一九九四年→新装版　二〇〇三年　一三九四頁　四六判（小学館）

林巨樹『現代国語例解辞典』一九八六年→第5版二〇一六年　一六九五頁　B6判（小学館）

森田良行『日本語の類義表現辞典』二〇〇六年三二八頁　四六判（東京堂出版）

20

西谷裕子『「言いたいこと」から引ける大和ことば辞典』二〇一七年　三五二頁　四六判（東京堂出版）

『わたしの「もったいない語」辞典』二〇一八年三二〇頁　文庫判（中央公論社）

21

鈴木棠三・広田栄太郎『故事ことわざ辞典』一九五六年　B6判　九九二頁（東京堂出版）

白石大二『国語慣用句大辞典』一九六九／九　頁B6判（東京堂出版）

北村孝一『故事・俗信　ことわざ大辞典』一九八二年→第2版　二〇一二年　一五二三頁　B5判（小学館）

西谷裕子『勘違い慣用表現の辞典』二〇一六年二五六頁　四六判（東京堂出版）

22

鈴木一雄・外山滋比古『日本名句辞典』一九八八年七二六頁　菊判（大修館書店）

中村明『日本の作家　名表現辞典』二〇一四年六〇六頁　四六判（岩波書店）

23

中村明『比喩表現辞典』一九九五年　四七八頁　A5判（角川書店）＊

榛谷泰明『レトリカ　―比喩表現事典』一九八八年三四四頁　B6判（白水社）＊

ケーティ・ウェールズ著　豊田昌倫ほか訳『英語文体論辞典』二〇〇〇年　五三六頁　A5判（三省堂）＊

中村明『日本語の文体・レトリック辞典』二〇〇七年　四七六頁　四六判（東京堂出版）

佐々木健一・松尾大『レトリック事典』二〇〇六年八五〇頁　A5判（大修館書店）

24

大畑匡山『新文章描写法　美文辞典』一九一八年　七一八頁　A6判（岡村書店）＊

前田晁『東西文学　表現描写辞典』一九三三年　四一八頁　四六変判（金星堂）＊

中村明『日本語　描写の辞典』二〇一六年　二四〇頁　四六判（東京堂出版）

中村明『人物表現辞典』一九九七年　六〇〇頁　四六判（筑摩書房）

中村明『感情表現辞典』一九九三年　四六四頁　四六判（東京堂出版）

真田信治・友定賢治『県別　方言感情表現辞典』二〇一五年二八八頁　四六判（東京堂出版）

中村明『感覚表現辞典』一九九五年　四三〇頁　四六判（東京堂出版）

中村明『音の表現辞典』二〇一七年　三一二頁　四六判（東京堂出版）

25

鈴木棠三『新版　ことば遊び辞典』一九八一年　一一三二頁　B6判（東京堂出版）＊

玉川一郎『私の冗談事典』一九六〇年　二九四頁（青蛙房）＊

金子登『ユーモア辞典』一九六三年　二九四頁　B6判（青蛙房）＊

野内良三『ジョーク・ユーモア・エスプリ大辞典』二〇〇四年　四〇〇頁　四六判（国書刊行会）＊

野内良三『ユーモア大百科』二〇〇四年　四二〇頁　四六判（国書刊行会）

中村明『笑いの日本語事典』二〇〇八年　三一二頁　四六判（筑摩書房）

中村明『日本語　笑いの技法辞典』二〇一七年　六八〇頁　四六判（岩波書店）

26

広田栄太郎・村松定孝・神鳥武彦『文章表現辞典』一九六五年→新版　一九八三年　六〇〇頁　B6判（東京堂出版）

樺島忠夫『文章作法事典』一九七九年　三五六頁　B6判（東京堂出版）＊

中村明ほか『日本語　文章・文体・表現事典』二〇一一年　八三〇頁　B5判（朝倉書店）

中村明『センスをみがく　文章上達事典』二〇〇五年　三〇四頁　四六判→『センスをみがく文章上達事典　新装版』二〇一六年（東京堂出版）

●著者紹介

中村　明（なかむら・あきら）

一九三五年九月九日、山形県鶴岡市の生まれ。国立国語研究所室長、成蹊大学教授を経て、母校早稲田大学の教授となり、現在は名誉教授。専攻は文体論・表現論。日本文体論学会代表理事、高等学校国語教科書（明治書院）統括委員等を歴任。主著に国立国語研究所報告『比喩表現の理論と分類』（秀英出版）のほか、『作家の文体』『名文』『悪文』『文章作法入門』『たのしい日本語学入門』『小津映画粋な日本語』『比喩表現の世界』『人物表現辞典』（筑摩書房）、『日本語レトリックの体系』『笑いのセンス』『文の彩り』『吾輩はユーモアである』『日本語　語感の辞典』『語感トレーニング』『日本語のニュアンス練習帳』『日本の作家名表現辞典』『日本語文体論』『日本の一文30選』『日本語笑いの技法辞典』（岩波書店）、『文体論の展開』『日本語の美』『日本語の芸』（明治書院）、『日本語のおかしみ』『美しい日本語』（青土社）、『比喩表現辞典』（角川書店）、『感情表現辞典』『感覚表現辞典』『センスをみがく文章上達事典』『日本語の文体・レトリック辞典』『分類たとえことば表現辞典』『日本語　描写の辞典』『音の表現辞典』（東京堂出版）など。

文章表現のための 辞典活用法

二〇一八年二月一〇日　初版印刷
二〇一八年二月一五日　初版発行

著　　者　中村　明
発 行 者　大橋信夫
発 行 所　株式会社東京堂出版
〒一〇一‐〇〇五一
東京都千代田区神田神保町一‐一七
電話　〇三‐三二三三‐三七四一
http://www.tokyodoshuppan.com/

D T P　有限会社一企画
印刷製本　中央精版印刷株式会社
ブックデザイン　藤田美咲

ISBN978-4-490-20983-9 C0081